McGraw Hill Education

# 企业家的成功颠覆创变真经

（美）谢洛德（Lloyd E. Shefsky）◎著　吴修华◎译

SPM
南方出版传媒
广东经济出版社
—广州—

**图书在版编目（CIP）数据**

企业家的成功颠覆创变真经 /（美）谢洛德著；吴修华译.．—广州：广东经济出版社，2017.9
ISBN 978-7-5454-5769-8

Ⅰ.①企… Ⅱ.①谢… ②吴… Ⅲ.①企业管理-研究 Ⅳ.①F272

中国版本图书馆 CIP 数据核字（2017）第 206680 号



著作权合同登记号：19-2017-136
出 版 人：姚丹林
责任编辑：陈念庄　黄　炘

| | |
|---|---|
| 出版发行 | 广东经济出版社（广州市环市东路水荫路 11 号 11～12 楼） |
| 经销 | 全国新华书店 |
| 印刷 | 东莞市翔盈印务有限公司<br>（东莞市东城区莞龙路柏洲边路段） |
| 开本 | 889 毫米×1194 毫米　1/32 |
| 印张 | 11.5 |
| 字数 | 200 000 字 |
| 版次 | 2017 年 9 月第 1 版 |
| 印次 | 2017 年 9 月第 1 次 |
| 印数 | 1～5000 |
| 书号 | ISBN 978-7-5454-5769-8 |
| 定价 | 48.00 元 |

如发现印装质量问题，影响阅读，请与承印厂联系调换。
发行部地址：广州市环市东路水荫路 11 号 11 楼
电话：（020）38306055　37601950　邮政编码：510075
邮购地址：广州市环市东路水荫路 11 号 11 楼
电话：（020）37601980　营销网址：**http://www.gebook.com**
广东经济出版社新浪官方微博：**http://e.weibo.com/gebook**
广东经济出版社常年法律顾问：何剑桥律师

# 前言

在我的职业生涯中，我很幸运地以律师和顾问（1996 年至今）的身份成为很多的企业家和家族商人的代表。他们的经历使我颇感兴趣并成为我大部分研究、写作和授课的重点对象。毫不谦虚地说，我为此付出了不少心血。

例如，为了前面出版的《企业家不是天生的》一书，我前后一共采访了近 300 位企业家和家族商人，该书已被翻译成八种语言出版。

从 1995 年至今，我作为一名创业临床教授一直在美国西北大学凯洛格商学院任教。此外，我还是家族企业中心的创始人和联席董事长。我在中国、日本、印度、以色列和泰国都曾演讲过和授过课。

我认识的、采访过的、教过的和共事过的企业家及家族商人数以千计。早期我作为一名法律顾问代理过众多公司和家族企业的案件。在过去的 18 年中，我担任过众多公司和家族企业的咨询师和导师。与此同时，在某些场合，我还是一名企业家，是一家芝加哥律师事务所 Shefsky & Froelich 的联合创始人。Shefsky & Froelich 于不久前合并了 Taft 律师事务所以及其他几个营利性企业和非营利性组织（如体育律师协会）。

经过一个自我选择的过程，只有某一类型的人会成为律师，然后他们会养成不以企业家的思维方式来思考问题的习惯。人们会劝告他们要以史为鉴，做一个“理性的人”。而企业家强烈反对先例的条条框框。他们遵从的是萧伯纳在《致革命者的箴言》中的指示：“理性的人适应世界，不理性的人让世界适应自己。因此，一切进步都来自不理性的人。”

大量的创业故事在我脑海里不停地浮现，给了我创作的灵感，我美其名曰“不间断的知识源泉”。成功的企业家，要么成功地促使公司的业务蒸蒸日上，要么成功地让家族企业得以顺利传承至第三代甚至更久（绝大多数的家族企业都难以跨过第三代这道坎），但他们必定都拥有一些共同点。在很久以前，我就放弃了寻找那神奇的成功案例。不同成功者身上的综合特质各不相同，但有些特质在其他很多领域和职业中是共通的。

最后，我恍然大悟。并非他们（成功者）都拥有某些特质，而是巧合地，他们都遵从了一个共同的规则：不断地改变自我，创新业务和重塑家人（假如是家族企业的话）。而没有做到的企业家呢？他们有的彻底失败了，有的获得了暂时的成功，还有的感觉到自己不能坚持到最后而另作安排。只有非常少数的企业家光凭运气到达了成功的彼岸。

# 时势造英雄

## 创业不可急功近利

我刚从芝加哥大学法学院毕业的那几年里，发现了一个奇怪的现象：公司的一些客户在卖掉他们的企业后不久就去世了。诚然，他们不具有很强的代表性，但是，据我观察，总体上确实有不少这种情形发生。最后，我终于弄清楚了原委。

在过去的那个年代，人们耗费数十载建立了他们的商业王国。作为资本密集型的企业，它们一般需要几年的时间来创造足够绚丽的业绩以达到银行和投资者的要求。假如这些人成功地卖掉他们的企业，他们很可能已经年近花甲了，而这也是当时美国男性的平均寿命。因此，这是自然现象，没有任何奇迹可言。

今天，年轻人都是凭着少量资金创业。成功了，资金源自然而然会找上门来。不过，他们对多数创业过程都缺乏耐心，往往要求最多在 10 年内获得回报。此外，科技的日新月异让每个投资者都小心翼翼地避免在某个项目上逗留太久。不可否认，成功的案例确实存在，比如，某些企业发展壮大，最后成功被大集团高价收购或经营良好得以传承至下一代。然而，这些成功例子会让年轻创业者变得急功近利，让那些需要更长时间才可获得成功的人感到沮丧。更为糟糕的是，这会导致拥有伟大想法的人们匆促行动从而毁掉伟大的机遇。

话虽如此，但对拖延的不容忍也不见得全是坏事。今天能做的事情为何要等到明天呢？这个问题的答案因年代不同而有所不同，理解这一点很关键。

## 冲动难以获得成功

今天冲动的年轻人很难获得最后的成功，技术推动了这种态度的产生。在我的课堂上，我向学生展示了一张现代电视遥控器的图片，上面有一个“应君之命”的按钮。我向学生们解释说，在我的那个年代，这个按钮是“应君所求”，而不是“应君之命”。

## 科技革命影响深远

20 世纪 70 年代中旬至今，我们见证了一场前所未有的革命——科技革命，这场革命堪称史上最伟大和影响最广。当然，我们可以比较和争论印刷出版、汽车、飞机和医学发展所带来的影响。不过，仅仅在几十年的时间里，计算机和互联网、DNA 螺旋、细胞信息传输、空间和卫星科技就给人们带来了巨大的影响，而其他的发现和发明则花费了很多个几十年。

毫无疑问，将来会出现更多令人兴奋的发现和发明，它们将会更加快速地影响社会，但毋庸置疑的是，今天的年轻人生长在一个多元化的时代，他们必须掌握多元化的技能。和以前的年代不同，将来的成功创业者必须具备多领域的知识和技能，比如 IT 和医学、物理和基因、电子和营销。

同时，年轻人可能对自己的将来存在疑虑。他们总是听说在过去的年代每个人都希望自己比父母取得更大的成就和过上更好的生活，但是他们这一代可能做不到这一点。而本书会讨论一些难点，这些难点会使这些年轻读者更为困惑，甚至会误导他们的父母和祖父母。

# 创业和家族企业，似是而非的命题

毫无疑问，创业正变得越来越重要。创业给部分企业家带来了巨大的财富，而他们的独特创意、冒险精神和商业敏锐性，则为这个国家创造了相当大一部分的 GDP。在他们为成功而奋斗的同时，我们人人都可以从中受益。本书旨在帮助那些选择了通过创业来控制自己命运的人。

家族企业仍然要面对“富不过三代”的困境。婴儿潮一代在其第二代和第三代出生后走到了退休或生老病死的阶段，这迫使他们必须做出传承或者套现的决定。除非他们预先对这些即将发生的情形做好了准备并仔细分析和做出明智抉择，否则很可能他们中有很多人会让自己家族的财富缩水甚至消失。

利益攸关，不得不重视。那些不能创新的人注定会成为以下两句话的命中者。

◆“最伤心的话语，就是那句：我本来可以……”

◆“我本可以成为一个上进的人，我本可以当个有脸面的人物，而不是像现在这样当个小混混。”

我希望本书能唤醒企业家和家族商人，让他们站起来面对挑战，指引他们去思考和敦促他们做好准备，引导他们去寻求帮助，并教导他们如何通过不断创新来获取成功。

# 简介

**改变是生命的法则，而那些只懂得留恋过去或驻足现在的人注定会错失未来。**

人生的最终目标是飞黄腾达、功成名就。一个人若要成功，首先要生存。达尔文的“适者生存”法则意味着力量和技能。在商业竞技场上，“适者生存”一般指的是权力和资源(最好的人力资源和最多的财政资源)。然而，事实上，在商业领域中，“适者”可能会缺少权力和资源。那么，是什么让他们生存下来的呢？商人从达尔文身上学到了什么？还有哪些是达尔文可以教给商人的？

变色龙的个子小，速度虽快但不足以与比它大的肉食动物相提并论，在直接冲突中难以取胜。然而，它却从后恐龙时代生存至今。变色龙能生存如此之久，原因在于它拥有改变肤色的能力，因此不论遇到什么环境变化，它都能做出改变并适应，变色龙看起来是以改变求生存的典范。

这就是本书的主题所在。商人，不论是初创业者、企业家、管理者还是家族企业掌舵人，都必须向变色龙学习。他们必须明白，要生存和成功，就需要不断改变自己及其企业。

## 改变自己，向上爬或者向前走

我们不能指望一名员工只为一位雇主工作，在忠心耿耿地工作几十年后获得一只金手表作为嘉奖。把雇主和雇员绑在一起，要求他们必须忠于彼此的契约，这种做法早已过时。如今，这份契约充斥着帮雇主逃脱责任的条款以及一些让雇员承担责任的条款。在经济萧条时期，一名员工极有可能得到的回报是一张解雇通知书。就算在经济稳定的时期，你也有可能被解雇。

不过，这些不确定性也有其积极的一面。在接受了没有任何工作是铁饭碗的事实后，你就可以轻装上阵了。显而易见，滞留不前得不到任何好处。但是，假如你决定了要走，你就必须做好准备。职业转变很刺激，但在刚开始时并不愉快，就像习惯了洗热水澡——熟悉（虽然有点枯燥）的日常工作和定期的领取的工资——之后却要洗冷水澡。

改变可以是你做的事情，而并不仅仅是你做事的地方。在我们从工业时代逐步走进信息时代的同时，失业数据显示有必要提升人们的各项技能。阿尔文·托夫勒说过："21 世纪的文盲不是指那些没有读写能力的人，而是指那些不会学习、不会有选择性地学习，以及再充实自己的人。"

如何去实现你的目标？要学会自我升级。通过适当的自我升级，你会充满信心地做出巨大的改变。这很合理，因为如果你知道自己已做好准备并且能够按照计划冒着一定的风险走进一个未知的领域，那么你会更乐于去这么做。

有些人是在一个充满限制性假设的环境中长大的。父母，甚至是恨不得给孩子最好的东西的慈父爱母，都在潜移默化中让他们的孩子感受到了种种限制。对于某些人，这种影响会持续一辈子，但这是没必要的。假如你生活在这种限制状况中，你可以选择要么继续下去；要么改变自我，成为一个更有活力的人。

但你已不再年轻。你会问："现在我可以改变什么？"

一般来说，人们都是在 17～22 岁期间做出他们的职业抉择。当然，有些人很早就做出了决定，而另一些人则要晚得多。有比你想象中更多的人甚至从没有做出过任何决定而只是随波逐流地选择了正在做着的事情。

## “人生之环”原理

大的改变，比如从独立审计师转型为脑外科医生，会随着年龄的增长而变得难以实现。下图展现了这个原理。

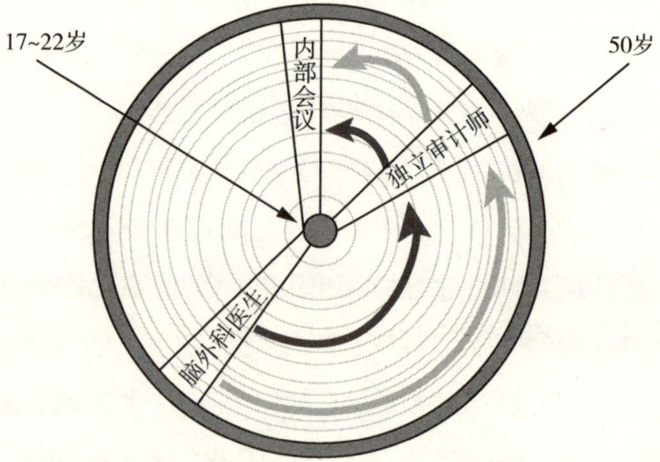


在上图中，环数越多（由里到外，下同），意味着职业年龄越长。你走得离中心（中心指的是 17 岁的青少年至 22 岁的年轻人阶段）越远，你必须穿过越长的距离来改变你的职业。

因此，一个人的年龄越大，成功实现职业转变的可能性就越小，笔者称之为“‘人生之环’原理”。

这很有可能是因为雇主更喜欢聘用年轻的应聘者，所以他们（指年纪偏大者）会丧失学习的机会，包括获得职业（在职）培训的机会。雇主认为，聘请年轻的应聘者让他们有望在培训员工上的投资得到更长的分摊周期。此外，雇主更喜欢年轻的应聘者还出于其他原因，例如年轻的应聘者一般对社交媒体更加熟悉和应用自如。

如果雇主仅仅是为了得到更长的分摊周期而这么做的话，那么他们就错了。我们都知道，Y 一代和千禧一代对职业规划的想法与年纪偏大者不同，他们期望拥有多份工作。他们并不觉得自己受惠于培训他们的雇主，反而认为在职培训是提升技能或改变技能组合的机会，可以为下一份工作做准备。他们并不觉得这是悔约，反而认为他们已给雇主奉献了他们的价值。

很多人从一个职业转到另一个职业。这种跳跃范围很广。有些职业的转变涉及巨大的根本性的改变，比如从一个独立审计师转变为一名脑外科医生。这也是这类转变比较少见的原因。不过，有些职业转变的变化不大，还是从事同类工作，仅仅是从公司的独立审计师逐步转变为财务主管而已。这类转变，因其所需的大多数技能都一样而相对容易，同时也较为常见。介于以上两个极端之间的职业转变需要不同程度的准备工作，最后的结果也会有所不同。

## 自身的改变：信心因素

毫无疑问，你自身的每一次改变很可能都会使你进步一点。运动员不会在第一天就跑马拉松，他们从跑一小段距离开始，然后逐渐加大跑步距离。每跑完一段距离，信心就会随之增长。职业转变也是同样的道理。

一般情况下，完成部分改变相对容易；如果计划妥当，效果更会十分显著。然后，你可以理所当然地重复这么做，并在你不断改变自我的同时增强你的能力和信心。这不是说你一定要频繁地更换老板。即使是继续为同一个老板工作，改变自我也可以提升你的技能，丰富你的职业选择。

在自我改变时，你最终会走到一个十字路口。这时，自信一点，学一学尤吉·贝拉的另类逻辑：“当来到人生的十字路口时，你要有心理准备并果敢地做出决定。”

不管你是辞职去创业还是即将在你目前工作的公司担任一个领导职位，请记住自信在这个改变（不论其是自我改变，对你继续供职的公司的改变，还是对你开创或加盟的新生意的改变）中非常关键，你可以在为改变所做的准备中获得这份自信。

## 企业改变求生存和谋发展

改变是本书不变的主题，这不仅针对雇员或家族企业成员等人，还针对所有企业。在本书中，你会看到因为创新而大获成功的典型例子。例如，英特尔破釜沉舟，从销售硬件转型到一项研究当时尚未经验证的发明上，从而一举成功。无巧不成书，康宁定期且频繁的自我创新令它非常善于改变，正如它擅长制造玻璃一样。而柯达却将其足以改变游戏规则的发明（即数码相机）遗弃在货架上，眼睁睁地看着它原本在市场上占主导地位的生意逐渐消亡。

请记住改变是旅程，而不是目的地。当你去创业时，这仅是一系列改变的第一步而已。创业并不是一场灾难，如果你最后成功了，那么它将是一个持续改变的过程。众所周知，创业包含了很多阶段。约50年前，布鲁斯·塔克曼将企业发展归纳为四个阶段：组建期、激荡期、规范期、执行期。我的观点不同之处在于我认为布鲁斯·塔克曼的四个阶段组合必须不断地重复。

作为创业者，你会一直在改变自我和你的企业中；假如你想要留住客户，那么你要周而复始地改变。紧接着，在你认为你对自身的改变之旅已完成时，你必须让你的家人也做出改变。

当然，有些人卖掉了他们的生意，也许是因为他们不能或者不愿为改变而努力。这没问题，不过要确保你没有像我形容的一样“过早撤退”——出于错误的原因而做出错误的决定，譬如因为其他人都在这么做或者认为是时候执行几年前甚至几十年前就制订好的在一个特定年龄退休的计划。如果你要退休，请先确认你是否可以令企业蜕变（改变企业而不是将其低价卖掉）。

## 来自行业巨头的经验和教训

不论你要改变的是你自己还是你的生意，你都可以在这里获得来自别的企业的重要的经验和教训，它们中有些做得很成功（比如英特尔），有些失败了，还有些拒绝去改变或者行动得太迟了（比如柯达）。IBM，曾经主导大型计算机市场的蓝色巨人，就代表了两个极端。它在台式电脑业务上失败了，它还卖掉了曾经一度辉煌的个人电脑业务，但是它在 30 年后却强势回归，成为一个计算机咨询行业的巨头。

这就是本书的宗旨所在。它讲述的案例包含改变了的企业和个人，也包含没有去改变和创新的企业和个人。

本书接着比较和分析这些案例，指出其中的经验和教训，并提出如何吸取这些经验和教训的建议。这个过程将帮助你建立你的技能组合。技能提升了，你自然就有信心去做出改变。

信心在很大程度上会直接影响一些重要的商业决定。不过，在你读到或者听到“信心”这个词时，你头脑中想到的很可能并不是我所指的。信心在方方面面影响着我们的生活，比如我们的人际关系。我决定通过几个与商业相关的情形来衡量信心的重要性：

◆ 员工感觉陷入了困境并奋力去突破困境。

◆ 创业——创业初期。

◆ 成熟企业——“占有市场”阶段。

◆ 自我改变——更换工作或者职业，甚至包括放弃创业，成为一名雇员。

◆ 家族企业——传承与消亡。

## 为什么要读这本书

◆ 它有锦上添花和雪中送炭的区别。

◆ 它是仅仅过上体面生活和创造巨大财富的区别。

◆ 它是成为巨头公司或产业领袖和成为陪衬或明日黄花的区别。

◆ 它是被困于一份没有前途和满足感的工作中和拥有一份迫不及待地想要上班的工作的区别。

◆ 它是处于失业中和拥有一份回报丰厚的工作的区别。

◆ 它是让企业创建者的第二代甚至第三代能够接过家族企业的领导权、管理权甚至所有权和导致儿孙一辈子坐吃山空的区别。

假如你或你关心的人对以上任何一点感兴趣的话，那么你就应该读这本书。

假如你认为现在为时已晚——牌已发出，来自父母的遗传、早年的环境或童年的影响已决定了你的命运，那么让我告诉你，这些事情可能在初始阶段对你影响较大，但是随着你在奋斗中树立信心，它们就只不过是旅途中微不足道的小小坑洼而已，很多人甚至已经取得了他们从未梦想过的成功。

有些人可能会觉得这些例子不适用于自己，或者甚至觉得它们令人生畏。诚然，我采访的这些人——本书的案例都源于他们的故事——都是我们那个时代的成功典范。在当前情况下，你可能追求的是比这低得多的目标，所以觉得他们遥不可及。你的企业可能永远不能获得像星巴克、史泰博、CDW、嘉信理财或好市多那样的成就，你的家族生意可能不会遇到像普利兹克家族、卡尔森家族、布朗夫曼家族、约翰逊家族或者克朗家族那样的问题，但是，这些企业或家族的掌权者的经验和教训对你和你的生意还是有所助益的。

# 开始

那么，该怎么开始？NBA 教练菲尔·杰克逊喜欢引用禅宗哲学家阿伦·瓦兹的一句话："掌握变化的唯一途径，就是一头扎进去，随之而动，与之共舞。"改变无疑需要自律、决心和动力。这听起来十分像："如果第一次不成功，再试第二次、第三次……"这还不够，杰克逊教练肯定还会告诉他的球员：盲目练习是不能熟能生巧的。以错误的方式不断练习只会对错误的方式更熟练而已。在再次尝试时（假设第一次失败了），你必须找到正确的方法来完善你的练习，不管是独自探索还是与别人合作。你不妨听听阿尔伯特·爱因斯坦是怎么说的："重复做一件事，却希冀有不同的结果，那是疯子。"

# 目　录

第一部分

# 改变创业的自己

# 第1章

# 核心竞争力重启你的事业

在“成功创业”这门我在美国西北大学凯洛格商学院创建并教授的课程开始时，我问我的学生：“谁在近期看到了创业的机会?”一开始没有人举手。我不知道是这个问题太突然了，让他们措手不及，还是他们没回过神来。最后，在我的循循诱导下，学生开始积极参与讨论。你最近看到了哪些创业的机会？这个问题表达的意思是，我们每天都错失了无数的机会。

当你每次看到有人在为完成一个任务而挣扎或为其花费的时间和金钱太多，工作效率低下而懊恼时，这就是一个机会。当然，在确定了这是一个机会之后，还需要进行大量的思考和研究，然后再判定其可行性并为之制订行动计划。

也许，成功（success）与失败（failure）的区别只是拼写的不同。要实现你的梦想，你需要做一个尽职调查，而不仅仅是埋头苦干。尽职调查是至关紧要的一个环节，不管是成功创业还是成功转型，都同样如此。通常，为了获得成功，你需要改变你的思维方式和努力标准。这就是我们所说的尽职调查，它也是让成功的企业家与众不同的原因之一。

## 为了一条色带，拆了一个大箱子

人有时真的会有灵光一闪的时候，正如在汤姆·斯坦伯格身上发生的事情。汤姆·斯坦伯格曾经看到了一个机遇，但要敢于反驳专家的观点，他当时这样做了，最后获得了成功。

汤姆·斯坦伯格是史泰博的创始人。他改革了办公用品产业。在20世纪80年代早期，汤姆·斯坦伯格在一家老牌连锁超市工作；这家超市的总部位于波士顿，是总部位于芝加哥的宝石茶叶公司旗下的子公司。他看到连锁超市每卖一支圆珠笔就能赚100美分，并确信能以低很多的价钱卖这些圆珠笔而依然有利可图，这触发了他创立史泰博的念头。

1985 年，他在撰写一份商业计划书时受到启发，从而创建了史泰博。当时，由于文具店在美国独立日假期不营业，他买不到打字机色带。在那个年代，很多物品在文具店只有少量库存，而打字机色带像其他物品一样，是文具店里的最小存货物品（即 SKU）。

绝大多数文具店都供不应求。它们在每个星期天和公共假期都不营业，即使有生意人经常在这期间工作一段时间。有个别的 SKU 经常断货。另外，这些文具店的标价对于小型企业来说太高了，而这些企业恰恰是它们的主要目标顾客。

由于物以稀为贵，导致了文具店向最买不起文具的这些企业收取更高的价钱。更糟糕的是，由于文具店对每种物品只积存很少数量，所以它们不受办公用品厂商的欢迎。厂商更愿意大批量卖给大公司或者批发商，由后者再少量卖给各个文具店。

有些公司，比如 Quill，以一个更有效的模式进行了一场颠覆性的变革。它们绕过批发商，仅凭电话和传真接单，然后将物品寄到最终消费者手上。虽然这个方法更有效，但较高的运输成本让其只适用于中大型订单，并不能解决小企业在需求小和价格低方面的诉求。如果把运输成本计算在内，那么个别物品的电邮订单无疑也是成本过高的。

解决这个问题的临时方案就是组织一个合作社，其成员就是那些小文具店，如果说之前的采购成本过高的话，那么它们聚在一起就可以买到价格合适的东西。虽然合作社有助于降低经营成本，批量采购也可以争取更低的价格，但是还有太多问题有待解决。

这个行业充斥着陈旧的思想，有些人比其他人稍微好一点，但都创新不足。他们想尽一切办法削减各种不必要的支出，但却没有跳出条条框框来思考问题，所以他们想不出可以改变现状的其他办法。

汤姆·斯坦伯格则从他们的现状中看到了巨大的商机。他不仅跳出了条条框框，还改变了这些条条框框——他创建了名为“大盒子店”的大型商店。他的大盒子店弃用了“多型号、少数量”的模式，而采取“少型号、多数量”的模式，这让他可以直接向厂商批量采购。在这种模式下，他虽然以较低而有竞争力的价格将商品卖给终端消费者，却依然可以盈利。

这方法奏效了。天哪，它真的奏效了！今天，史泰博占有办公用品市场约 40% 的份额，2013 年营业收入高达近 250 亿美元。它在美国 47 个州和其他 25 个国家拥有超过 50000 名员工、2000 家商店和 1 个网站。

当时，汤姆·斯坦伯格很快就指出，不出几个月，就会有人复制他的商业模式。结果，他有了超过 20 个竞争对手，但如今只有几个在市场中生存了下来。由于这个行业没有市场准入壁垒，他能做的就是做到“人无我有，人有我优”。

## 眼光独到，变废为宝

霍华德·舒尔茨身上也曾出现过灵光一闪的一刻：美国人都喜欢在经济实惠又像酒吧的环境中享受美味的咖啡。于是，霍华德·舒尔茨——星巴克创始人——成为一个典范。他开始时并没有意识到这一点，但他充满自信地改变自我，最终改变了一个产业甚至整个社会（我指的是真正意义上的社会）。想象一下，要是如今美国几乎每个大小社区都有的星巴克店全不见了，那将是什么样的情景？

霍华德·舒尔茨是个极其出色的推销员。我这么说的意思并非指他口齿伶俐到能把冰卖给因纽特人（虽然他最后真的把冰镇饮料卖给了因纽特人），我指的是他对顾客的需求很敏感并知道如何去满足这些需求。据他回忆，这项技能是他在孩童时期就学到的。当时他住在布鲁克林鳞次栉比的楼房里，里面住着150个来自五湖四海的家庭，一栋楼房只有一个电梯。霍华德·舒尔茨整天在学校操场上做运动，他称之为“各色人等的民主运动”。

他认为，早期学习的“关于领导力、换位思考、沟通、自尊、理解和对他人的直觉”的课程帮助他理解了什么是“以人为本”，并将星巴克发展成为一个“以人为本”的生意。

当霍华德·舒尔茨在汉马普拉斯——Hammarplast，一家瑞典滴滤咖啡机制造厂上班时，他在欧洲待了一段时间。在那里，他很享受当地咖啡店里的氛围。霍华德·舒尔茨当时坚信类似的咖啡店在美国大有市场。

在汉马普拉斯当推销员时，他注意到其中有一个客户买的汉马普拉斯牌咖啡机比其他客户都多。一方面出于好奇心，另一方面出于良好的推销员直觉，他觉得此事可能蕴含巨大的商机。于是，他不畏辛劳，乘飞机到西雅图去拜访这位客户。该客户是汉马普拉斯牌咖啡机的批发商，他经营的公司名为“星巴克咖啡”。在1981年时，星巴克只是一个新开张的咖啡机批发商，同时批发上等咖啡。但是，它不经营咖啡店。

星巴克的人喜欢霍华德·舒尔茨，而霍华德·舒尔茨也喜欢他们。霍华德·舒尔茨与星巴克的团队建立起了非常密切的关系，他们提出让他在那里工作，他接受了。在星巴克工作不久后，他告诉星巴克的团队自己想在美国开咖啡店，他们却没人客观对待这个事情。他们都希望霍华德·舒尔茨保留白天的工作，继续为他们工作。当时，他们的全部精力都集中在了发展现有的业务上。另外，他们认为霍华德·舒尔茨的主意行不通，并告诉他为何行不通。

当时，多数美国人都没见识过上等咖啡，更不用说懂得欣赏了。同时，不像在国外的咖啡店一样，许多美国人也没享用过浓缩咖啡。请记住当时是 20 世纪 80 年代，在美国，只有像格林尼治村的艺术家庄园那种地方才有咖啡店，而在全国绝大多数社区都很少见到咖啡店。对于年轻人来说，咖啡店是“垮掉的一代”抽大麻和朗诵先锋诗歌的地方。

霍华德·舒尔茨，这个曾经的推销员，当时以高瞻远瞩的眼光，相信自己的想法能够让他的老板们信服。可是，每当霍华德·舒尔茨提出他的想法时，他的老板们就会让他去见见美国的顶尖咖啡专家。

然而，不管霍华德·舒尔茨与哪个专家交谈，他们都告诉他这个想法行不通，然后告诉他原因。霍华德·舒尔茨面对的不是压倒性的劣势，而是根本没有一个同盟军的处境。面对这一切，如果霍华德·舒尔茨是一个不够自信的人，可能就已经被他们轻易说服了。试想下，在这个亿万美元的产业中，这么多咖啡专家一起反对一个如同咖啡树上的叶子一样生嫩的行业菜鸟。最后，他的远见只能变成了一场场动听的演说。在这种情况下，他虽然喜欢星巴克的团队，却还是选择了离开去追求他的梦想。

他坚信自己的想法是对的。最后，他成功地筹到了一些资金，在西雅图开了一家咖啡店。他将其命名为I1 Giornale，与他在意大利咖啡店里看过的一份报纸同名。他的店很快就获得了成功，成为一家高档的咖啡店。霍华德·舒尔茨使用能买到的最好的烘焙咖啡豆来调制咖啡。很快，他开了第二家店，紧接着是第三家……他的想法非常令人振奋!

巧合的是，虽然他的前老板们在忙其他的生意，但霍华德·舒尔茨以高超的销售技巧说服了杰里·鲍尔温——原星巴克的老板之一——来投资他的新事业。杰里·鲍尔温会投资是因为他尊重霍华德·舒尔茨，也相信他能够成功。

有了杰里·鲍尔温作为信誉保证，筹资应该就轻而易举了，霍华德·舒尔茨是这么想的。然而，在杰里·鲍尔温加盟之后，霍华德·舒尔茨接下来接触的242个人中仍然有217个拒绝了他，这个比率很令人气馁。

那么，像霍华德·舒尔茨这样的推销高手为何会难以说服别人来投资呢？答案很简单。如果你去问星巴克的顾客为什么他们经常光顾星巴克，你会得到很多答案，比如“我喜欢这里的咖啡、环境、自由的办公空间、友好的氛围”“这里是一个经济实惠的约会场所”，或者是“在我家乡的星巴克咖啡店里，人人都认识我”。

假如顾客很诚实，那么他们可能也会说他们喜欢拿着带有熟悉的绿色商标的纸杯的时尚感觉，或者是说他们在这里有一种归属感。他们可能喜欢看起来像在喝低卡路里饮料的感觉，虽然杯子遮住了里面的焦糖和鲜奶油。

当然，在霍华德·舒尔茨寻求支持者时，以上这些理由都不存在。咖啡对所有人来说都很熟悉，但却不够特别。美国人当时对咖啡的反应让人联想到伍迪·艾伦的电影《安妮·霍尔》里两个老妇的对话。一个说：“天啊，这个地方的东西太难吃了。”另一个说：“是的，我知道。分量还那么少。”那时候的咖啡味道不是很好，但是每个人都想免费续杯。

霍华德·舒尔茨的设想是建立一个非饮酒的酒吧，位于人们的工作地点与家之间。结果，他创建了一个俱乐部，会员凭秘密代码如双倍浓缩（Doppio）、卡布奇诺（Cappuccino）和超大杯（Venti）方可进入。格劳乔·马克斯有这样一句台词："我拒绝加入任何接受我为会员的俱乐部。"与此恰恰相反，似乎每个人都想加入霍华德·舒尔茨的俱乐部。

就算是霍华德·舒尔茨也不可能知道将来会发生什么或事情会如何发展。他向潜在投资者兜售的是每人能够看得见、摸得着的东西。当然，他们可能已经在意大利做过了，但是当时霍华德·舒尔茨推销的是没人在美国做过的生意。这也解释了为何他筹资如此艰难以及如此之久的问题，尽管他是一名优秀的推销员。

结果证明，杰里·鲍尔温对霍华德·舒尔茨的尊重得到了回报。虽然霍华德·舒尔茨不赞同星巴克老板们关于咖啡店的看法，但他很尊重与认可他们及其员工在咖啡方面的专业知识。在若干年后，他收购了星巴克整个公司，包括它的员工、专业知识和行业人脉，当然还有"星巴克"这个名字。霍华德·舒尔茨认为星巴克有着巨大的品牌前景。

确实，他走得很远。如今，星巴克的年度营业收入高达

150 亿美元，拥有 21000 个门店，分布在美国每个州以及其他 61 个国家，在超市、饭店和机场都可以看到它的存在。2013 年中旬，霍华德·舒尔茨骄傲地说："上星期，全世界有 7100 万人去过星巴克咖啡店。"这意味着，星巴克一个月就为接近 3 亿位顾客提供过服务，而这几乎是美国的人数总和，包括成人和儿童。

今天，星巴克的全球经营远远超出了霍华德·舒尔茨最初的设想，但没有超出他的能力，但显然，他不得不提升他现有的技能，并学习一些新技能，尤其是吸引、聘请和保留优秀人才的技能。他在早期就已经开始改变自己及其生意，而且经常这么做。

有意思的是，另外一个成功的企业家雷·克拉克也是一个以客户为中心的人。雷·克拉克在他位于芝加哥郊区的总部销售奶昔机。当他留意到一个加利福尼亚的客户买的奶昔机比其他人都多时，他和霍华德·舒尔茨一样，飞到了西部去见他的客户——麦克唐纳兄弟。也像霍华德·舒尔茨一样，雷·克拉克买下了他客户的公司，而他作为推销员时对企业客户的关注也转移到消费者身上，促使麦当劳的每一个细节都向这个目标看齐。

## 昔日的控球后卫朱尼奥·布里奇曼，如今的温迪集团明星

虽然朱尼奥·布里奇曼是一个可靠的 NBA 球员，但他既不是一名超级巨星，也并非家喻户晓。没错，他的确在路易斯维尔大学受到了良好的教育，但他并不是班上的优等生。他的职业经验很有限。他的父母教他要有好的职业道德，这让他找到了几份工作，但是最后却让篮球占据了他所有的空闲时间。

对于一个非裔美国篮球员来说，要征服商界并非易事。但是，朱尼奥·布里奇曼在 1987 年离开球场前就开始改变自己，他已成为商界的顶尖射手了。

朱尼奥·布里奇曼的自我改变在“魔术师”约翰逊获得成功前就开始了。他坦承自己没有“魔术师”约翰逊优秀，但是他下定决心去改变这个现状。在他密尔沃基雄鹿队大放异彩前，为了成为一名好射手，他听取了一个教练的建议，花了三四个夏天练习投篮，投射多达 15 万～20 万次。

朱尼奥·布里奇曼几乎没接受过商业教育，但是不论何时

何地，只要条件允许，他都不断地主动向他人请教，以此来提升自己的能力。这也是他选择成为全国名牌饭店的加盟商的一个原因：受益于授权方的能力并借此补充和提升自己的能力，直至很好地掌握这些能力。在获得必要的能力后，他变得有信心经营好第一家和后来更多的饭店。他相信他能继续在商业方面不断地改变自己，就像他学习在篮下换手运球，带球上篮一样。

他后来加大投资，这进一步增强了他的信心，也促使他进一步做出改变。他从经理做到几家店的老板，再到一家拥有数百名员工的公司的首席执行官。今天的朱尼奥·布里奇曼是B. F. South的所有者，这家公司拥有3300名员工，每年有超过5亿美元的营业收入。你很可能从未听说过这家公司的名字，但是它经营着160家温迪饭店（Wendy's）和118家绮丽饭店（Chili's）。后来，朱尼奥·布里奇曼获得了最杰出非裔美国首席执行官评比的第五名，他的公司被评为第四大非裔美国人所有的工业/服务型公司。根据《福布斯》的评估，他的身家高达2.5亿美元。

在明白像霍华德·舒尔茨、汤姆·斯坦伯格和朱尼奥·布里奇曼等人的想法和采取的行动之后，你在进行职业改变时就会心中有底。你的目标不用像他们的那么高远，你也不用像他们那么大胆。你只要理解他们事迹的精髓和背后的原理就足矣。这样，在你改变的过程中，假如碰到相同的状况，你就可以遵循这些原理来处理问题。

像他们一样去行动，你就可以改变你自己。你将变得足够自信，在你的生活中做出巨大的改变。你可以取得非同寻常的成功。在取舍之间，你将获得你今天无法想象的满足感和幸福感。我向你保证，在他们的职业生涯前期，他们没有人——汤姆·斯坦伯格没有，霍华德·舒尔茨没有，朱尼奥·布里奇曼也没有——想象得到他们会取得现在的成就。

## 詹姆斯·弗里曼的蓝瓶咖啡：只为一杯更好的咖啡

霍华德·舒尔茨和汤姆·斯坦伯格是改变了整个产业，不过，企业家的目标有时会更小一些。例如，詹姆斯·弗里曼就根本没有改变咖啡产业的欲望。事实上，他说他很感激星巴克和高档咖啡制造商毕兹咖啡，它们让他的成功变得更容易，因为它们“说服了数以百万计的消费者……花 4 ~5 美元去买浓缩咖啡……这其中一小部分消费者想要一种与此类似，但又不同、美味一点和更有意思的咖啡。这时，让我最为心动的商机出现了”。星巴克还让投资者和其他资金来源接受了咖啡这个新兴事物。这就像带头的骑车者留下了印痕，从而减轻了跟随者的负担。

詹姆斯·弗里曼开始的第一份工作是当一名单簧管乐手。他热爱创作音乐，也喜欢制作和享用优质咖啡。作为一名单簧管乐手，他告诉我：“我对此已完全不再热衷。但是，我对咖啡确实充满激情。”他学习制作极品咖啡，意识到自己对咖啡一如既往地热爱，这也是他创立蓝瓶咖啡的原因所在。

一开始，他在农贸市场上销售他的咖啡。那里的租金低廉，并且给了他向漫步经过的人科普咖啡的机会。这些人有时间倾听他的高谈阔论，耐心等待他制作咖啡并下单购买。

最后，品尝过詹姆斯·弗里曼的蓝瓶咖啡并认为值得等的回头客很多，于是口口相传，吸引了市场的关注。他说，他的咖啡的特别之处在于他愿意按照顾客的要求来单独制作，这是高标准的尽善尽美。

他很赞同一个我重复了40多年的说法：“假如你不爬到上面去，那么你必然会站在别人的下面。”他得将他的咖啡展示给别人看，他们要看到的是他真的在制作“一杯值得等待的咖啡”，他不能把它留给别人去随意想象。他的第一家实体店并不怎么出色。它是一个小卖部，位于旧金山的一个詹姆斯·弗里曼称为“臭巷”的地方。经常光顾这个小巷的是一群难以打交道的无家可归者。不过，这里每月的租金才 600 美元。小卖部的租金加上设备的费用为 2 万美元，詹姆斯·弗里曼从他有限的存款中硬是挤出了这笔钱。开张不久，在小巷中等待买咖啡的队伍变长了。最终，队伍中带着歧视眼光的社会精英将衣衫褴褛的那些人给挤了出去，越来越多的人走进了这条小巷。

---

### Alpha 测试和 Beta 测试并非电脑专家的专利

假如你要像詹姆斯·弗里曼一样投资第一家店，那么你仍然要进行 Alpha 测试和 Beta 测试（对潜在使用者所做的模拟和实际测试）或者浸泡试验。詹姆斯·弗里曼在农贸市场进行成本低廉的测试，由此验证了他的想法。紧接着，他又以很低的成本（在臭巷中）开了第一家店。

---

詹姆斯·弗里曼被“发现”了，于是成立了蓝瓶咖啡公司。从那以后，詹姆斯·弗里曼在旧金山和纽约也开了几家咖啡店。这些店只比小卖部稍微大一点，同样只做了必要的装潢，而且一般都位于偏僻的位置，但是不再发臭。

他想利用纽约市巨大的行人流量增加销量，于是装修了那里的一家店。实际上，他筹到了资金并在标志性的洛克菲勒中心开了一家旗舰店。不过，就算是在那里，他的店也不易被找到。

---

## 眼见为实

当你可以选择筹资或低成本创业时，有一些事情要告诉你：你要能够向潜在投资者展示一个现有的产品或设施，而不是试图向他们兜售你的空想。这一点，詹姆斯·弗里曼明白，玛克辛·克拉克也明白，而后者的故事你很快会读到。

---

刚开始，詹姆斯·弗里曼担心总是匆匆忙忙、忍受不了哪怕是片刻耽搁的纽约人不会等上几分钟来得到一杯为他们特制的咖啡。但事实上，他们很乐意等。改变纽约人的习惯并非易事，大多数企业家都选择去适应纽约人的生活习惯。在纽约开店原本就是一个挑战，他们不想再在上面增加负担。毕竟，正如辛纳特拉所说，他们在那里开店是因为他们想证明："如果我能在这里成功做到，那么我在任何地方都能做到。"

詹姆斯·弗里曼并不想尝试去改变纽约市或是咖啡产业，他的目标是改变这个产业的一小部分，这样对其所产生的杠杆效应才会更大。然而，他依然在做一个有口皆碑而又低调的企业，避免成为别人攻击的目标。他咖啡店的数量只是星巴克的几百分之一，而他的营业收入则占比更少。这个比例能否增加谁也说不准，事实上，它更可能会减少。有意思的是，詹姆斯·弗里曼正努力着尽可能少地去改变他的企业。

# 第2章

## 无视反对的声音

美国前副总统斯皮罗·阿格纽在因受贿和逃税丑闻而辞职前把媒体评论比喻为“否定一切的牢骚大王”，这是对经常唱反调者的恰当形容。不过，成功的企业家却总是强调积极的一面，并知道什么时候对喋喋不休的消极言论听而不闻。

史泰博在全球26个国家内拥有2000个门店，销售额高达250亿美元，它就是游戏规则的改变者。汤姆·斯坦伯格自己的身价不菲。他卖掉了史泰博的大部分库存，再次改变自己，以风险资本家的身份重新启程。他支持其他知名创业公司，如露露柠檬。为史泰博提供了原始资金的一些公司，比如贝恩资本，都在它们的投资上获得了丰厚的回报。

办公用品行业当时已经发展得很成熟了。有人曾努力想改变它，但失败了，因此，很多人告诫汤姆·斯坦伯格别去白费力气。幸好，他做了功课，知道这些反对者所说的“事实”是完全错误的。

朱尼奥·布里奇曼的公司 B. F. South 是温迪集团的第二大加盟商，拥有近 200 个饭店。它在《饭店财务箴言》评选的 200 个最佳加盟商（包括所有性质的公司）中排名第三。而根据《福布斯》的估价，朱尼奥·布里奇曼的身家高达 2. 5 亿美元。当朱尼奥·布里奇曼还在为 NBA 效力时，运动员，尤其是非裔美国运动员，不能经商。不过，朱尼奥·布里奇曼不去理会在这方面广为流传的统计数据。

相比较而言，霍华德·舒尔茨的胜利就非比寻常了。在 1992 年上市对于当时还是一个中小企业的星巴克来说是前所未有的成功。首发定价 17 美元，星巴克在市场上一共融资 3 亿美元并保持不断增长的趋势。2012 年，在全球 62 个国家内的星巴克门店达到了 20891 个，其中 13279 个位于美国。根据《福布斯》的说法，霍华德·舒尔茨在 2013 年的身家为 20 亿美元。假如你在星巴克上市时投资了 10 万美元来购买其股票，在 10 转 10 后保留这些股票以及收到的红利，那么在 20 年后你持有的星巴克股票市值将变成大约 1040 万美元，这相当于每年 26 美分的收益，几乎是无可媲美的。所有专家都告诉霍华德·舒尔茨不要去尝试，但是，这些反对者都算错了。

## 别让反对者堵住了你的改变之路

为什么汤姆·斯坦伯格、霍华德·舒尔茨和朱尼奥·布里奇曼能够无视那些一边倒的反对声音，努力往前走并获得了巨大的成功和财富？更重要的是，他们是如何做到的？考虑到事情已经发生以及他们所取得的成就，有人可能会认为，成功的秘方就像刻在墙上的字一样显而易见，汤姆·斯坦伯格、霍华德·舒尔茨和朱尼奥·布里奇曼不过是照着去做了而已。但是，墙壁是被遮蔽的，同时反对者的尖叫声又震耳欲聋。

让星巴克的霍华德·舒尔茨、史泰博的汤姆·斯坦伯格和温迪的朱尼奥·布里奇曼与众不同的不是他们身上发生了我们所没有出现过的灵光一闪的一刻，而是他们有信心去采取行动。同时，他们付出了很大的努力来获得这一份信心。这在你听来好像是一个谜语，如果是这样，没关系，谜语是可以解开的。如果这在你听来好像左右为难，那么事情就麻烦多了。但是，请记住，就算是左右为难的困境也是可以解决的。通常，培养信心的先决条件是无视这些否定的声音。

---

## 诚实面对自己

你能做什么？你能学会做什么？你必须在哪些方面得到帮助？

---

### 霍华德·舒尔茨及其外来文化

霍华德·舒尔茨面临的情况是，他要克服非常嘈杂的噪声——来自行业专家的反对声音。他们不断地说霍华德·舒尔茨错了，说美国还没准备好接受卖高档咖啡的咖啡店。他们固执地认为霍华德·舒尔茨的星巴克梦想不切实际，认为他不可能取得成功。当然，他最后成功了。但是，他是如何做到的呢？

霍华德·舒尔茨是一个推销员，不是一个咖啡专家，更不是一个饭店老板。当我问霍华德·舒尔茨是什么让他认为自己能经营一家咖啡店——更不用说几家甚至数十家时，他将其归功于他在“原星巴克”上班的那段时间积累的经验。如前文所述，“原星巴克”并不经营饭店或咖啡店，但它有些客户确实在经营食品生意，包括开咖啡店。

通过观察这些顾客的行为，霍华德·舒尔茨再一次提升了自己的技巧，一如既往的出色。这是因为他在乎，也只有一个优秀的推销员才做得到这么在乎。此外，他还在欧洲视察了大量的大小咖啡店。他把当推销员时从客户处学习到的本领转化成经营一家咖啡店的能力。

毕竟，任何人都能冲一杯咖啡。如此看来，冲很多杯咖啡能有多难呢？其中的关键和挑战在于创造和提供一种顾客享受与渴求的氛围和服务。他需要“在美国人回家和工作的途中创建未曾存在过的第三个地方”。他不想有一天会说：“为什么我当时没去做?”他更喜欢说：“我能做到。”

通过改变自己，他仅仅调整和改进了他技能组合里早已存在的技能。不过，在每一次的自我提升中，霍华德·舒尔茨总是遇到反对者的反对。有些人出于关心，想保护霍华德·舒尔茨，因而劝他不要过于乐观和冲动。还有些人把他们自己的境况和风险规避意愿强加于霍华德·舒尔茨身上。前者的出发点是好的，但和后者一样都是帮倒忙的。

这些进口商和批发商给霍华德·舒尔茨制造了很多反对的噪声，但霍华德·舒尔茨全部予以无视。因为它们从来都只看到了自己的客户——批发商和零售商，所以它们没有像霍华德·舒尔茨那样的以消费者为中心的远见。

霍华德·舒尔茨在欧洲的所见所闻启发了他。作为一个消费者，他自己的感觉很好，所以他知道，美国消费者的反应也会像他一样。他同时意识到行业专家们在戴着有色眼镜看待事情，他们没能理解他的远见倒对他有利，否则，他们可能也会来争抢这个机遇。所有这一切让他坚信自己的想法能够成功。

令人感到讽刺的是，法埃马——一个来自意大利米兰的浓缩咖啡机的领先制造商，是其中持反对意见的专家之一。霍华德·舒尔茨和他在星巴克的老板（同时也是霍华德·舒尔茨的I1 Giornale咖啡店的投资人）杰里·鲍尔温一起飞到了米兰。杰里·鲍尔温的行业地位当然让法埃马刮目相看，但是，他依然反对霍华德·舒尔茨的想法。霍华德·舒尔茨称之为“艰难的时刻”。法埃马说美国人还没准备好接受意大利式的咖啡体验。意大利人忽然之间竟然变成了美国人行为的专家，这是多么讽刺的事情！与此同时，美国可能有投资者对意大利式的咖啡体验也有意见：太贵、太耗费时间、等咖啡时没人招待等问题。

最后，霍华德·舒尔茨不得不把原因归咎于两个民族之间的文化差异上。在我提到这个讽刺的地方时，霍华德·舒尔茨说："你观察得非常细致。我没能说服意大利人投资一个来自美国的创业理念，我同样也没能说服美国人去投资一个来自意大利的项目。一直以来，我都以为自己是一名优秀的推销员，但我应该不是。我是明知山有虎偏向虎山行。我想让人们付2美元来买一个纸杯装着的咖啡，纸杯上还有一个没人能读得出来的意大利名字。我在融资上遇到了困难。"确实，要解决霍华德·舒尔茨的难题——在美国和意大利两种文化之间找到突破口，不能简单地把一种文化强加于另一种文化之上，而是要找到一个共同的元素。在这种情况下，霍华德·舒尔茨的解决方法是向他的美国顾客推广一个他在意大利看到的做法，那就是设立一个"位于上班和回家的途中的地方"。

那么，他在被法埃马拒绝后是怎么做的呢？他是不是夹着尾巴落荒而逃了？不是。他不想浪费已经花钱买了的机票，他甚至不记得他是如何努力才借到买机票的钱的。于是，他拽着杰里·鲍尔温一起拜访了上百家意大利和欧洲其他地方的咖啡店。他说，对这些咖啡店的拜访“使我很振奋，因为我再次确定，尽管被法埃马拒绝了，自己的想法还是完全正确”。

尽职调查并不只是为了令投资者满意，还是为了想方设法令创业者信服。在被 217 位投资者拒绝后，霍华德·舒尔茨依然保持着乐观的心态，而那些专家却还在拘泥于陈旧的做法。霍华德·舒尔茨相信消费者会逐渐喜欢上他喜欢的东西。他看过拼图的碎片以及拼图盒子上的图案。因此，霍华德·舒尔茨可以将这些碎片拼装在一起。而反对者们看到的是不同的图案，所以不像霍华德·舒尔茨那样，他们想象不出来这些碎片拼在一起后是否协调一致。

如果联系上一个关于赫布·科勒——科勒公司的董事会主席兼首席执行官的故事，那么你会更清楚地了解到霍华德·舒尔茨是如何跟这些专家打交道的。陶瓷卫浴产品的制造与其说是一种科学，不如说是一种艺术。在 19 世纪晚期至 20 世纪早期，科勒公司的创始人从国外把技术移民者引进了位于威斯康星州的科勒。这些移民者被安置在一个经过专门设计的大型宿舍中。几年后，科勒的员工组建了他们自己的家庭，所以不再需要宿舍。赫布·科勒想把宿舍改建成一家酒店，以这个改变作为科勒公司的一个新的业务推力。不过，公司的管理层不想启动一项新的业务。而且，他们觉得，公司可以把这个宿舍改建成需要更为迫切的办公地点。于是，他们一起开会，会议上，众多高管陈述了想将宿舍改建为办公楼的理由。最后，赫布·科勒以一句话结束了会议："同志们，我不赞同你们的提议，所以你们输了。"宿舍被改建成酒店，它就是现在著名的科勒美国俱乐部。它不仅仅是一个度假酒店，同时还是一个重要的陈列馆，有资格的顾客可以在这里住几天，在酒店房间里体验科勒公司的新产品。赫布·科勒可以力排众议来做自己想做的事情。毕竟，他拥有这个以其名字命名的公司。与之相反，霍华德·舒尔茨只不过是原来的星巴克批发公司的一个员工，而且是一个新员工。为了取得像赫布·科勒那样占主导地位的表决权，霍华德·舒尔茨必须做出改变，成为其公司的主人。

## NBA 和温迪集团有哪些共同点

朱尼奥·布里奇曼听到的反对声音则完全不同。职业运动员，除了异常杰出者如迈克尔·乔丹、"魔术师"约翰逊、丹·马里诺、杰克·尼克劳斯、泰格·伍兹、吉米·康纳斯和威廉姆斯姐妹以外，即便在从事职业运动时，都难以将他们的明星身份转化为商业优势，更不用说在他们退役之后。在一段时间内，他们或许会被认出来，可以从赏识他们的同乡粉丝那里获得免费的一杯饮料或者一餐饭。但是，如果他们走在另一个城市的大街上，可能就没人会认识他们，虽然很多 NBA 和 NFL 退役球员的身高和体格会让路人感觉似曾相识，并尝试想起他们的名字。

不幸的是，大多数的职业运动员并没有花费太多时间和精力为第二职业做准备。几十年前，我帮助我的职业运动员客户做的就是这件事。我在体育律师协会（我是这个协会的创办者和名誉会长）的年度会议上发表了关于这个主题的演讲。

可以理解，运动员在繁忙的赛季中很难去准备第二职业的事情，而永远不够长的休赛季就更不用说了。而且，这里出现了一个新问题，这个问题几乎让职业运动员对第二职业的兴趣消失殆尽。那就是，运动员的薪资火箭般地上涨，这体现了他们的巨星地位，同时缓解了运动员寻找第二职业的迫切需求，虽然在我看来，这依然是必要的。

通常，非裔美国人要创业想融资是很难的，这其中有很多方面的原因，其中之一可能就是种族歧视。朱尼奥·布里奇曼还在为 NBA 效力的时候，NBA 球员的工资还没有大幅上涨，由于难以获得职业融资，非裔美国运动员要从事第二职业十分困难。

几年前的某一天，朱尼奥 · 布里奇曼在一家温迪饭店为顾客服务。这时，有人认出他来并叫来了媒体进行报道，大家都在哀叹，显然又有一个前职业运动员在花光所有积蓄后被迫在快餐店打工换取三餐。从这个先入为主的错误假设中，你可以感受到那无形的阻碍是多么强大。

朱尼奥 · 布里奇曼在篮球场上极其自信。不过，他是如何获得信心，成为一个极其成功的企业家和商人的呢？当时他意识到，他拥有一些用得上的技能，可能很宝贵，但却需要进一步提升。

他是他的团队里真正的领袖，这并非因为他是最好的球员，而是因为他天生就知道需要具备哪些能力去当一个领导者。朱尼奥 · 布里奇曼的领导风范很明显，从他帮助 NBA“菜鸟”发挥他们的最大潜能上就可见一斑。因此，他没必要成为最好的那一个才能做一个成功的商人，他只需要教他的年轻柜台员工做最佳的自己就行了。他把他的领导技巧运用到一帮新的跟随者身上。他从引导自视甚高、表现花俏、收入奇高的 NBA 球员转变成引导文化不高、缺乏技能、年少贫穷的小孩，教他们如何经营一家饭店。他把其他所有事情都交给授权方温迪集团来做，比如财务、预算、营销、采购等等。朱尼奥·布里奇曼之所以选择成为一个加盟商，是因为授权方能够传授朱尼奥·布里奇曼所需要的技能并在他的地方提供培训和支持。毫无疑问，这让他还在 NBA 时就满怀信心地买了 3 家温迪的加盟店。

## 大多数人注重他们的显性技能

大多数人都会倾听别人的意见。职业运动员拥有过人的运动天赋，从孩童时代便得到人们的赞赏。他们逐渐沉迷于粉丝们的尖叫声。自然而然地，他们在退役后会寻找与体育有关的第二职业，比如当教练，因为他们对运动更熟悉。

绝大多数伟大的企业家都有 3 个共同点：①他们有远见；②他们所在领域的专家能更清晰地看到企业家的想法的错误，

并预见他们会以失败告终；③企业家无视专家反对的声音，按照他们自己的想法行动，并非因为他们自大无知，而是因为企业家看到了拼图的盒子上的图案。他们知道，专家之所以反对，是因为他们只看到了拼图的碎片，而不是拼图盒子上的完整图案。

不言而喻，有远见的企业家往往要面对来自眼界狭窄者的批评。当在耶鲁大学就读的弗雷德·史密斯向他的教授递交关于空运包裹递送服务的论文时，他的联邦快递构想竟然被评了个 C 级。因此，企业家有梦想很关键，因为他们确实看到了别人看不到的东西。

弗雷德·史密斯的教授只看到了类似于当时美国邮递总局现状的景象——效率低下，依靠美国政府的资助苟延残喘。与此相反，弗雷德·史密斯所看到的景象是这样的：一个高效的企业想方设法在全国范围内把一份文件在第二天递送到收件人的手上；不过，若要做到这一点而且有利可图，表面价格肯定很高。难怪那个缺乏想象力的教授只给弗雷德·史密斯评了个 C 级。

是什么给了霍华德·舒尔茨信心去走一条咖啡专家一致认为会失败的路呢？是什么给了他信心辞职去追寻他的梦想呢？

还需要指出的是，在他做所有这些时，他老婆雪莉正在怀孕，而他几乎没有任何积蓄了。霍华德·舒尔茨开玩笑地告诉我："幸好投资者在雪莉生下小孩之前投资了。"

即使他的梦想很理性而专家们都错了，霍华德·舒尔茨又是如何认识到他拥有成功执行的智慧和能力的呢？毕竟，他从没学过其中所需的关键技能，当然，过去也从没有人要求他展现过这些能力。他是如何把专家在咖啡方面的专业知识以及他们在开咖啡店方面的贫乏认识区分开来的呢？

## 改变办公用品产业

汤姆·斯坦伯格把他关于史泰博的设想向每一个投资者都讲述了，他们都觉得他的想法很疯狂。当然，没有人说出来，但是给出的信息很明确："你疯了，你肯定是疯了，因为这个行业所有人都不赞同你的想法，但你还要去这么做。"

投资者一开始拒绝了他的要求，因为他们觉得对这个行业做如此大的变革具有很大的风险。此外，他们提出了传统的观点：办公用品行业本身只有微薄的利润。

和霍华德·舒尔茨的境遇很相似，投资银行家和其他投资人也让汤姆·斯坦伯格去和行业专家分享他的构思，看看他们的反应。他与已故的霍华德·沃尔夫——联合文具公司当时的首席执行官进行了交谈。在霍华德·沃尔夫的带领下，这个公司获得了很大的成功。因此，他在这个行业是一个很受尊敬的领袖。霍华德·沃尔夫告诉汤姆·斯坦伯格，他要建立史泰博式门店的想法很可怕。这可能会吓怕这个行业的许多新来者。汤姆·斯坦伯格认为，霍华德·沃尔夫说他的主意很可怕是因为“他认为假如我们成功了，会对联合文具公司很不利，他说对了这一点”。

汤姆·斯坦伯格说，他当时就知道霍华德·沃尔夫的想法是错的，因为“霍华德·沃尔夫的理由站不住脚。他说顾客想要这样周到的服务，但其实大多数的办公用品经销商提供的服务很差。我与很多客户交谈过，知道他们并不清楚自己在被严重剥削。不过，当你告诉他们，同样的一打圆珠笔，他们以前购买要付 3. 68 美元，而他们现在只需付大约 1 美元就可以买到时，他们马上就会抛弃他们所谓的‘忠心耿耿且服务周到的’经销商。”

汤姆·斯坦伯格做了他的功课。拜访了在律师事务所当律师的朋友。他问他们在办公用品上的花费是多少。很少有人知道，毕竟律师事务所当时还没有计算机系统可以即时显示这些信息。于是，他们问他们的助理或办公室经理，助理或办公室经理估算每位员工花 200 美元。考虑到他们有 100 位员工，那就是 2 万美元。于是，汤姆·斯坦伯格力劝他们查一查，不只是帮他的忙，还是帮他们自己的忙。

没有计算机系统，这就意味着要把过去的发票逐张读取数据并加总。在汤姆·斯坦伯格技巧高超的说服下，律师们这么做了。事实上，他们在办公用品方面为这 100 位员工一共花了超过 10 万美元。那时候，帮汤姆·斯坦伯格主导该事务的统计工作的律师就站在他的旁边。汤姆·斯坦伯格回忆起当时问那个律师的情景："我来问你一个问题。假如我们帮你节省一半的费用，但是你要花一些工夫自己去文具店买，你会这么做吗?"那个律师回答："你在开玩笑吗？省下来的这笔费用够付我全家人和我搭档的油费了。去哪里买？我要怎么做?"很显然，与从霍华德·沃尔夫那里得到的信息相比较，汤姆·斯坦伯格获得了更加准确的信息。

汤姆·斯坦伯格研究了 Quill 公司——办公用品面向企业的主要经销商的创始人兼首席执行官杰克·米勒的成功经历，并称杰克·米勒为"一个很棒的家伙"。事实上，杰克·米勒是这个行业真正的领导者，他的创新举措和年度报告对他的同行而言都是一种福音。杰克·米勒曾经把一个案件一直上诉到美国最高法院，要求取消对其公司以及跟随他并处于相似境况的公司的州销售税。Quill 公司比位于街道拐角的文具店标价低很多，但它的生意却已经发展壮大并且仍然保持增长。汤姆·斯坦伯格看到，该公司的快速递送服务很受顾客的欢迎，但遇到小订单时就会负担过重。虽然汤姆·斯坦伯格是一个潜在的竞争对手，但杰克·米勒还是大度地鼓励汤姆·斯坦伯格实行他的构想。有意思的是，结果，在若干年后，史泰博以 7.5 亿美元的价格收购了 Quill 公司。

汤姆·斯坦伯格学到了关于零售的重要经验。他发现，像好市多、平价超市、BJ's 超市和山姆超市之类的批发超市在每家店只有 100 件相关产品，每年却可以创造 400 万～500 万美元的营业额。汤姆·斯坦伯格知道，假如他每一家门店都有大约 5000 件产品，即其他人产品种类的近 50 倍，那么毫无疑问他可以做得很好。

人们常说，因弗兰克·辛纳屈而著名的歌曲《我的路我做主》应该是企业家的主题曲。在你采用这首歌作为你的主题曲之前，请先试着了解其他的成功企业家是如何走出他们的路的，然后对自己选择的路做出相应的调整。汤姆·斯坦伯格就是这么做的。这就是汤姆·斯坦伯格研究像 Quill 公司的杰克·米勒等人物以及其他领域的成功零售商如 Costco 等公司的负责人的目的所在——总结什么路行得通和什么路行不通的经验。汤姆·斯坦伯格把他经营杂货店的技能应用到了看起来毫不相干的办公用品生意上，他那经过千锤百炼的技能让他认识到了 SKU 编号十分关键。

汤姆·斯坦伯格回顾他的研究结果，明白反对者都是没有根据的。他们通过使用错误的逻辑，捏造的事实来支持他们的谬论，其目的其实是想保护他们自己的利益。

## 让其成为你的王国，但不要受其所困

你必须成为你所在行业的专家。成为专家并非指你懂得这个行业里人人都会的事情，而是指你掌握足够的知识，知道现行系统或产品的优劣（即机遇）。这让你可以判断你想法的可行性；说服潜在投资者和其他的股东；制订最佳策略和计划。

## 如何成为专家

深入做好功课。学习你所能学到的关于这个行业的所有知识和技能。汤姆·斯坦伯格就是这么做的，他向这个行业的利益相关者的代表虚心请教。在做尽职调查时，他还采访了办公用品行业当时的客户。汤姆·斯坦伯格是这么做的：首先，他联系了一个律师朋友。他的关注点集中在了客户导向方面，了解他们的关切和需求是否得到处理和满足。在这种情况下，永远都要以顾客为中心，但不要认为他们真的了解真相。汤姆·斯坦伯格质疑了他的律师朋友对办公用品支出的了解，从而锁定了他的第一个顾客然后他才去拜访霍华德·沃尔夫。对于东西是否已坏的判定，就像对如果没坏，那就不要修补的假设一样，通常只是一种观点，而未必是事实。假如东西已坏，但是你认为没坏，那么你也不会去修补它。汤姆·斯坦伯格明白问题在哪里——服务和价格，所以霍华德·沃尔夫糊弄不了他。同时，汤姆·斯坦伯格心里清楚霍华德·沃尔夫对他抱有成见的原因：他感觉到了汤姆·斯坦伯格会成为他的潜在竞争者。然后，汤姆·斯坦伯格做了整个行业都做不到的事情：将其公司抬出来与好市多这样的巨头公司进行比较。当时，这个行业看不起折扣经营者这些小角色，认为他们“物品种类甚至不齐全”。汤姆·斯坦伯格明白，这些经营者开发了一种富有活力的商业模式，于是他予以采纳并使其发扬光大。

---

最后，将总部设在波士顿的汤姆·斯坦伯格从一个人那里筹到了资金，这个名为米特·罗姆尼的人后来当选了美国马萨诸塞州州长，也是 2012 年美国总统大选共和党的候选人之一。在 2012 年共和党全国代表大会上的一次演讲中，汤姆·斯坦伯格为米特·罗姆尼背书，这不是对米特·罗姆尼的贝恩资本公司向其投资的回报，实际上，汤姆·斯坦伯格赞同米特·罗姆尼的很多立场以及见解。不用汤姆·斯坦伯格说太多，米特·罗姆尼马上就明白史泰博将会取得成功。汤姆·斯坦伯格觉得他比绝大多数人都更理解米特·罗姆尼。事实上，汤姆·斯坦伯格陈述的关于他与米特·罗姆尼第一次见面并获得投资的事情，让我更好地了解了米特·罗姆尼这个人。

是什么内在品质让汤姆·斯坦伯格能够顶住专家的一片反对之声并创立史泰博的呢？在这件事情上，米特·罗姆尼又为什么会相信汤姆·斯坦伯格的远见，选择资助一个当时行业专家广泛认为很鲁莽的梦想呢？是什么让汤姆·斯坦伯格和米特·罗姆尼对这个创业机会有着同样的理解？他们是非常不同的两个人，有着非常不同的背景。如果硬说他们有共同点，那就是他们都曾就读于哈佛商学院，但是，我们都知道，哈佛MBA学位并非成功创业的必要条件。

从哈佛大学毕业后，米特·罗姆尼和汤姆·斯坦伯格各自从事了不同的职业，要求具备的技能也有着天壤之别。然而，他们均有着充分的信心消除来自各方的噪声，跨过专家们制造的阻碍。这份信心有何相似之处？能告诉我们些什么？

米特·罗姆尼是如何如此清晰地看到了汤姆·斯坦伯格关于史泰博的远见呢？汤姆·斯坦伯格是这么说的："米特·罗姆尼是其中一个投资者。他是一个异常节俭的人，所以他很容易就认识到每箱复印纸节约50美元的价值，而其他人则不一定能看到这一点。"确实，在米特·罗姆尼同意投资后，还是有很多人拒绝了这个投资机会。诚然，米特·罗姆尼没能成为总统，但是他在史泰博上的投资给其基金带来了丰厚的利润。

在这里，了解汤姆·斯坦伯格的背景对研究他成功的原因也有助益。他的母亲是天主教徒，而他父亲为了能娶他母亲，从犹太教皈依了天主教。他们离开奥地利，移居美国，在新泽西州安顿了下来。他父亲在当地开了一家饭店，每天都要在饭店工作很长时间。在汤姆·斯坦伯格 11 岁时，他的父亲去世了，汤姆·斯坦伯格将其形容为“对我的一个打击”。他母亲和他一起回到了奥地利，这让他与朋友完全失去了联系，导致他一切都得重新开始。这是对他的又一个打击。对多数 11 岁的男孩来说，这些打击是毁灭性的。然而，汤姆·斯坦伯格告诉我，回到奥地利有一个好处。在美国新泽西州，绝大多数男孩都学打篮球，比赛竞争很激烈，他也学会了打篮球，但不知道是否有机会加入那里的篮球队。而在奥地利当时很少有人打篮球，所以汤姆·斯坦伯格加入了当地的篮球队。巧合的是，尽管哈佛大学被来自美国新泽西州的无数学生的入学申请狂轰滥炸，但来自奥地利的申请却很少，于是汤姆·斯坦伯格被录取了。

当然，进入哈佛大学仅仅是一个开始。入学不久，汤姆·斯坦伯格再次受到了打击。这是因为，虽然汤姆·斯坦伯格在奥地利受到的教育很好，但是他有点偏科，所以，在落后的那些科目上，汤姆·斯坦伯格有点措手不及。他如此描述：“你不得不接受一个事实：你不仅不是班级上最聪明的学生，而且还有可能挤不进前十名。你必须坦然接受这一点，然后才能向前看。”他说，他在哈佛的稳定进步让他在毕业后觉得“我可能已成为班级上的前十名之一”。

当然，这展示了汤姆·斯坦伯格既来之则安之的个性。更关键的是，他很早就学会了全方位思考，并找到获取成功的办法（例如改变他的技能组合）。他告诉我：“我遇到的几乎每位创业者都听过别人说：‘这个主意很糟糕，你一定不会成功的。’”

## C 等生拥有 A + 才华

迈克·克拉斯尼在一个名为“斯科基”的芝加哥郊区长大。他如此形容自己：“我不是这个街区最聪明的小孩，也不是一个好学生。我只是一个 C 等生，很可能还是排名最低的那一个。”迈克·克拉斯尼是一个 C 等生，不过这可能是因为学校评估的并非他所长。但是，迈克·克拉斯尼在 1985 年创立了 CDW 公司并在 2007 年将其卖掉，从而成为一名亿万富翁，这远远不符合他的自我评价。在他标价数十亿美元出售 CDW 时，他证明了擅长计算机的人并非书呆子。

## 欣赏你的才华

在学校的 12 年中，评级是衡量迈克·克拉斯尼才华的唯一标准，他认为这些评级代表了一个不成功的将来。没有人对他在计算机方面的知识和天赋进行评级，也许是因为评估者对该领域所知有限。

虽然迈克·克拉斯尼不喜欢学校，但是，他早在 1964 年就开始使用计算机。他鼓捣出了一台穿孔卡片机，并于 1971 年在伊利诺伊大学就读编程课程。他非常喜爱这门课程和计算机。他的兄弟们在其他课程上从不向他请教，但在计算机这门课程上全都寻求过迈克·克拉斯尼的帮助。

1980 年，迈克·克拉斯尼需要一台打印机，他认识的一个朋友帮他从零售商那里买了一台。迈克·克拉斯尼说，这个朋友是哈佛大学的毕业生代表，“肯定比我聪明”。当迈克·克拉斯尼告诉对方他考虑从事设备销售（比如打印机）的行业时，这个朋友却对他说：“这没前景的，不要做这个。”由于这个哈佛大学毕业生代表比他聪明，所以迈克·克拉斯尼就没去行动。

迈克·克拉斯尼很幸运，他出生在历史上规模最大的无硝烟革命计算机革命的初期。他也很幸运，由于他不喜欢其他学科，这让他只拥有一个选项——计算机，因此，他选择了在这方面教学最好的学校。

但是，假如把迈克·克拉斯尼的成功全部归因于运气，那就错了。早前他在他父亲的汽车经销店工作时，他就受到有关计算机的熏陶，紧接着在计算机教育以及鼓捣计算机中得到提升，这让他拥有了一定的专业知识。最后，他意识到他欠缺的是其他方面的专业知识，包括看似很重要的商业和普通教育的知识，不过，他的计算机知识在计算机革命的作用下，遮盖了他的短处。后来他又认识到，这些缺失的基础商业知识可以在实践中积累。

当时，芝加哥一家名为 PC Network 的公司是第一个以邮购方式销售电脑的公司。迈克·克拉斯尼作为中间商最后卖了大量的个人电脑给这个公司。PC Network 每年创造的营业额高达 3000 万美元，于是迈克·克拉斯尼觉得这“是一个不赖的生意”。他想复制 PC Network 的商业模式，因此他去找为他父亲的汽车经销店做事的广告商。他想制作一个广告，然后行动。然而，这个公司的广告主管却告诉迈克·克拉斯尼：“省省吧，没用的，不要去做了。”迈克·克拉斯尼觉得这个广告主管是专家，他知道这么一个广告所能产生的效果，所以迈克·克拉斯尼听从了他的建议，放弃了自己的想法。

当然，这个广告主管不是唯一的反对者。当时，迈克·克拉斯尼在他父亲的汽车经销店工作，并在他父亲的心脏病发作后接管了这个店。在父亲的影响下，迈克·克拉斯尼愿子承父业。后来，当一个来自丰田汽车公司的女人注意到迈克·克拉斯尼是经销店同行中最早使用电脑的人，问他是否“在从事一些与计算机有关的工作”时，迈克·克拉斯尼回答说：“没有，这只是一个爱好。我还得找一份真正的工作。我还得想想我要做什么。”与此同时，另外几个他尊敬的人也都告诫他不要去从事那些工作。

最后，迈克·克拉斯尼认识到，那个广告主管可能了解他从事了几十年的广告行业，但是他不如迈克·克拉斯尼那么了解计算机行业以及这个行业的人。迈克·克拉斯尼很幸运，他修读了计算机科目的课程，所以他在很多人都没有计算机的时代就很了解计算机了。无可否认，那个广告主管可能想支持迈克·克拉斯尼父亲的想法，以免丢失一个现有的重要客户。后来，迈克·克拉斯尼致电那个广告主管，让他制作那个广告。该主管在继续试图说服迈克·克拉斯尼无果后，说："你要预付广告的钱。"迈克·克拉斯尼同意了。

---

## 测试你的天赋和能力

有时候，与其创业来判断想法是否可行，不如进行一个小小的测试，这足以决定你是否拥有成功的天赋和能力。迈克·克拉斯尼遵从了马克·吐温的箴言："让你陷入困境的不是未知，而是你确信的事情并非如你所想。"迈克·克拉斯尼进行了无数次的交易，每一次都很成功，他明白他拥有别人所没有的能力。

---

迈克·克拉斯尼自称他当时缺乏自信。显然，在早些年，就因为缺乏信心，他没有启动和经营他的新兴电脑分销生意。他是如此害怕，对管理这份生意感到无能为力，以致他几次想要卖掉他的公司。事实上，当时那个否定他想法的哈佛大学毕业生代表在迈克·克拉斯尼投入该生意的 2 年后就组建了一个财团，出价几百万美元收购迈克·克拉斯尼的公司。尽管迈克·克拉斯尼对自己能否维持这份生意（更不用说扩展它）感到忐忑不安，但是他的激情和动力战胜了他的恐惧，因此，他没有卖掉他的公司。顺便说一下，当时的收购价还不及他最后卖出价格的千分之一。

一开始，迈克·克拉斯尼没能无视这些反对者的声音和克服他内心的不安。不过，他最后想明白了：他的计算机知识让他的意见比所谓专家的意见更有价值。迈克·克拉斯尼在计算机方面的洞察力如此敏锐，所以他瞬间就看到了拼图盒子上的图案，而此时，那些专家们看到的只是这个可怕拼图上的一个个碎片。

一路上，他与许多企业和商人交谈，并向他们学习。根据迈克·克拉斯尼的说法，这个习惯也源自于他信心的缺乏。他会观察他欣赏的公司如何运作，例如微软、英特尔、IBM、康柏、惠普、Fel－Pro 以及沃尔玛。他学习每一个公司的做法，并坦承他复制了它们的成功模式。

这个自称为 C 等生的学生以勤补拙，不断地学习他所欠缺的技能。迈克·克拉斯尼心里明白，虽然他出色的本能帮助他创立了 CDW 和在其初期进行经营，但是，他对管理一个大型的、不断扩大的企业却缺乏经验。

---

## 寻找能补你所短的导师

用心观察和倾听在你的短板领域做得好的人或者知道办法的人是怎么做和怎么想的。筛选出他们所说和所做对你有益的部分，然后请求他们当你的导师，但仅限在你指定的专业领域内（通常，一个导师在一个领域能提供好的指导，但如果在其他领域也遵从他们的指导，那么最后会起反作用的）。竭尽所能学习你所欠缺的，并验证你所学的，但要一步一个脚印来走，不可一蹴而就。每掌握一门新技能，你就向成功前进了一步。

---

在进入运营的成熟期，迈克·克拉斯尼请了专业经理人来帮他管理公司。不过，迈克·克拉斯尼通过自己的独特方式在学校也学到了一些东西，而他班上的优等生可能都错过了。结果就是，今天的迈克·克拉斯尼在经济上显然是他班上的优等生。如果他出现在他的班级聚会上，那将会很有趣。

迈克·克拉斯尼事实上证明了他是一个聪颖的学生。他从几个公司那里学习了人力资源管理的知识，从一个朋友身上学习了仓库管理的知识，又从另一个朋友身上学习了危机管理的知识。随着管理能力的逐步提升，他认识到，在他自己的专业领域里，所谓的专家对如何经营一家公司其实一无所知。

## 自制熊宝宝里的商机——熊宝宝工作坊

在佛罗里达州珊瑚顶市长大的玛克辛·克拉克有一个伟大的梦想，那就是当一名民权律师，这可能是受到了她妈妈的影响。她妈妈曾经在第二次世界大战期间担任埃莉诺·罗斯福（美国总统罗斯福的夫人）的旅行秘书。此外，玛克辛·克拉克相信自己能从事任何工作，也没人告诉她不可以。她知道自己想要从事的是一份那个时代的女性不曾涉足的工作，因为当时社会对她们的期望是结婚后在家相夫教子。在那个时代，全国法律院校中女生只占很小的比例。同时，她也明白法律院校的学费很贵，她不得不勤工俭学来积攒学费。由于喜欢学校的营销课程，因此她选择了一份零售的工作，并参加了五月百货公司位于华盛顿的管理培训课程。

她相信，这份工作仅仅是达到目的的手段，毕竟，这个首府地区拥有 11 所法律院校，她知道，她的优秀足以让她就读其中一所，然后毕业后做一个少数派的女民权律师。总而言之，零售不过是她走向成功之路的一个临时驿站。

在五月百货公司，玛克辛·克拉克很幸运地得到了一个向公司董事长斯坦利·古德曼做报告的机会。他告诉她："零售是一场表演，而商店就是舞台。在顾客开心时，他们就会花更多的钱。"他的话给玛克辛·克拉克留下了深刻的印象。她称之为她改变的开始："我每次调任一个新职位，每次在公司得到晋升，都是在改变我自己，因为我获得了这些机会，这些新的挑战，新的动力驱使我走向未曾想过会到达的高度。"

在五月百货公司工作了 25 年后（五月百货被梅西百货所收购），玛克辛·克拉克从该公司辞职，成为玮伦鞋业公司的总裁。就这样，她由一个超大型连锁零售店的员工华丽转身，变成了一个大型但店面小得多的连锁店的高管。

在五月百货公司学到的商业技能让玛克辛·克拉克在玮伦公司工作起来得心应手。在五月百货公司工作时，由于公司的首席执行官很看好她的潜力，所以她得以接触到公司的高层。后来，首席执行官邀请她在开董事会时坐在他的旁边。进而，她被授权直接向他汇报工作。

在董事会上和在日常工作中，通过与首席执行官的接触，她学到了作为一个总裁需要知道的东西。在玮伦公司任职时，她就明白该如何履行总裁的职责。成为玮伦公司的总裁对玛克辛而言可能是一次改变，但大部分改变都发生在五月百货公司。

玛克辛·克拉克说："我认为，我做出的最大改变就是从一个五月百货公司的员工变为一个更大部门的执行副总裁。"这让她第一次成为一名肩负重任的管理人员，她必须在下属当中树立自己的威信。"我是第一个拥有那么多男下属的女人。"

一直以来，在每一个职位上，玛克辛·克拉克都能迅速地调整自己的技能组合，并很好地胜任她的工作。最后，虽然玛克辛·克拉克做到了玮伦公司的总裁，但她依然选择了改变。

离开玮伦公司并创立熊宝宝工作坊。她认为，这不是什么大的改变，而是后退了一步，回到了她最初喜欢零售业的一点——与顾客互动。以前，她一路向上晋升，从而远离了顾客。这一次，她回到了零售的根本。不过，她确实脱离了公司员工一族。她不用再向老板汇报工作，因为她就是老板。

虽然她以前也不是一个会推卸责任的人，但如今不同了，她成了最后做决定的人。坦白说，对于大多数人来说，辞工创业都是一个严峻的挑战。正是这一种恐惧感让众多有才华的人继续当着公司白领，直至错过飞黄腾达的机会。玛克辛·克拉克认为，绝大多数人都觉得创业是一个大的跨越，而非循序渐进的步骤。不过，对她本人来说，创业意味着她在零售这个行业中又向前跨了一步。

她管理过一个在每个大型购物商场都拥有零售店的公司，因而她了解商场的基础架构。她说："在我任玮伦公司总裁的时候，我走过美国的每一个商场。虽然我之前从没参与过租赁店面的谈判，但是，如今需要自己出面谈判时，我还是知道该怎么做的，因为我之前听说过有关这方面的事情。我听法务部的同事谈论过这些事情，也对此颇感兴趣。或许我并不理解其中的方方面面，但是我所了解的足以让我拥有一定的判断能力。”此外，她还熟悉采购、谈价和其他零售方面的技巧。

毋庸置疑，她对某些方面还很陌生（比如筹资、创建新品牌以及创造一个图像来诠释该品牌），诚然，向成人卖出一双作为生活必需品的鞋子不能与向小孩卖出一个精美的自行制作和填充的动物玩具相提并论。另外，我们需要不止一双鞋子，而小孩并不需要两个泰迪熊玩具。

玛克辛·克拉克说：“我是说，没人需要两个泰迪熊，这是肯定的。但是，他们可能需要一个展示个性和独特的地方，需要那种能掌控自己命运的感觉，可以真正地把他们的故事、创意和个性填充到这只熊宝宝里面。”

除了小孩会制作玛克辛·克拉克卖的熊宝宝玩具，祖父母一辈和情侣们也会这么做。老一辈可以与他们的孙子分享这个过程。情人可以和他们的“男朋友或女朋友（一个更容易被接受的‘过家家’游戏）一起制作熊宝宝，而不是简单地从货架上挑选一个厂商制作好的熊玩具。”玛克辛·克拉克又解释说。

显而易见，她从五月百货公司董事长斯坦利·古德曼的身上学到了不少东西。这个喜欢她的首席执行官让她明白这和之前没有什么不同。她要确定哪些是她知道的而哪些是她不知道的，然后聘请或留住才华横溢的人才（譬如创意无限的成功品牌设计师艾德丽安·维斯）来做她做不到的事情。而她在筹资方面就非常幸运了。她有充足的资金开一家店，她也知道自己可以从家人、朋友和熟人那里借来更多的资金。结果，她不用到处去筹资，资金就自动找上门来了。

玛克辛·克拉克在其家乡圣路易斯开了第一家熊宝宝店后，一个听到消息的男人特意来到店里。他很喜欢所看到的一切，因此，他当场就提出愿意向她投入开新店需要的资金。

---

## 看得见的远景带来的魔法

玛克辛·克拉克有足够的资金开第一家店，然后天使投资者看到了它的前景并向其投资。然而，如果他没有看到门店，仅仅是听到玛克辛·克拉克对其远见的描述，那么他还会投资吗？这与詹姆斯·弗里曼在臭巷里开咖啡店的故事很相似，与霍华德·舒尔茨的困境却不同，在成功开一些人们能看得到、摸得着和闻得到的咖啡店前，他兜售的只是一个空幻的远见而已。

---

并非所有人都像玛克辛·克拉克的第一个投资者那样支持她。她说："很多人因为想象不到我所说的东西，所以他们都持否定的态度。还有不少人尤其是成年人说：'如果明明可以买得到，为什么还有人想要自己制作一个填充动物玩具？人们要的是速度。他们不想在商场里待太久，待在商场的时间越短越好。'我并不这么认为，因为我确信人们想要触摸得到的产品。"

凯特·伯克哈特是玛克辛·克拉克在圣路易斯的密友的女儿，虽然当时只有10岁，但她却与玛克辛·克拉克成了忘年之交。

她会和玛克辛·克拉克一起去购物，寻找豆豆宝宝公仔。在其中一次这样的购物之行中，凯特·伯格哈特看到豆豆宝宝的结构很简单，于是她告诉玛克辛·克拉克可以自己在家动手做。玛克辛·克拉克说，这就是她"恍然大悟的一刻"。她立即着手寻找可以提供她所需产品的货源和厂商。

---

## 倾听受众的声音，了解谁在影响着他们

玛克辛·克拉克马上意识到她有两个类型的目标顾客：一种是想要拥有熊宝宝玩具以及制作玩具的过程

（即小孩）；另一种是想要让小孩开心和分享他们制作玩具的过程（即父母、祖父母、叔叔、阿姨等）。她知道小孩的反应会更加单纯，而成年人会将她的理念和其他事物或体验（比如毫不相关的事情）做比较。

---

在调研初期，玛克辛·克拉克向厂商开出的第一份方案是邀请他们与她合伙开发这个令人兴奋的新商机，然而，她吃了很多闭门羹。这些人早已在生产泰迪熊玩具，他们根本没看到玛克辛·克拉克提出的方案。

毕竟，他们当时的生意不错，同时，他们并不认为之前卖鞋的这位女士对泰迪熊或儿童玩具十分了解。但是，没有人要求他们放弃他们在做的事情。他们本可以两者兼顾，实际上，他们有得天独厚的优势去这么做，可惜的是，他们没有意识到这一点。由于他们当时没有抓住这个机会，因此他们注定了要失败。

## 别自以为别人明白你所想

熊玩具厂商的反应与霍华德·舒尔茨从咖啡专家那里得到的反应并无两样。不过，玛克辛·克拉克知道，她要进入的并不是填充动物玩具行业，她要打入的是正如五月百货公司的斯坦利·古德曼先生所说的“零售即娱乐”行业。熊宝宝工作坊的重点会放在娱乐方面，强调的是亲手制作熊宝宝的乐趣，而不是生产泰迪熊。

面对结果，玛克辛·克拉克不由得有点沮丧。于是，她找凯特·伯格哈特聊天。凯特·伯格哈特明白她的意思也支持她的想法，并鼓励她放开手脚去干。

这么多年来，玛克辛·克拉克坚持倾听小孩子各种各样的建议和愿望。他们告诉她想要的其他动物玩具；他们建议供应的玩具零配件；他们鼓励她在一些具体的地方开店；他们还与她分享制作熊宝宝的一些见解。当然，他们毕竟还是小孩子，所以他们没有提交像麦肯锡那样费用高昂的咨询报告，他们只是谈论他们喜欢和不喜欢的事情。不过，玛克辛·克拉克每次都认真倾听。

当然，并非只有小孩有意见和建议，成年人也有各种各样的意见和建议。有些人建议玛克辛·克拉克："或者你先开一家很小的店试一试。不要投入太多你自己的钱进去。"不过，玛克辛·克拉克知道，若要成功，她必须跟着自己的远见走。

---

## 当与朋友的意见相左时，听从自己的直觉

玛克辛·克拉克的朋友为了保护她不受她的激情所累，敦促她开一个小小的门店，并且不要投入她自己的钱。在蓝瓶咖啡的例子中，这个方法奏效了。在那个小小的咖啡店里，顾客在靠近柜台的有限空间里品味咖啡。但是，对于熊宝宝工作坊的顾客来说，体验自制熊宝宝需要大得多的空间。玛克辛·克拉克明白她需要什么。

---

玛克辛·克拉克不理会那些反对的声音，她从交谈过的小孩那里获得了信心。现在她明白，企业家精神的其中一点就是

“从理智走向疯狂，这时不管反对者说什么，没有人能劝阻你，你只要做了就好。我能看得到这个远景。与我交谈过的每一个小孩都能告诉我，他们能想象得到在熊宝宝工作坊里的每一种动物”。

和星巴克的霍华德·舒尔茨与好市多创始人吉姆·西内格一样，玛克辛·克拉克同意我的这个比喻：企业家必须忽视那些反对者的声音，因为他们只看到拼图的碎片，而不是拼图盒子上栩栩如生的完整图案。

结果，有了熊宝宝，小孩子们和玛克辛·克拉克一样看到了拼图盒子上的图案。通过选择性地倾听评论家的声音，即凯特·伯格哈特和其他小孩的心声，而非总是反对的成年人的声音，玛克辛·克拉克最后证明了她是一个明智的敢于改变自我的企业家。

玛克辛·克拉克在聘请了喜健步儿童部的莎朗·普莱斯·约翰（巧合的是，这也是一个来自鞋业公司的高管）后，辞掉了熊宝宝工作坊首席执行官一职。如今，玛克辛·克拉克把自己长期从事的兼职工作变成了她全身心投入的工作，致力于改善教育，她又一次实现了自我改变。

# 第二部分
# 改变你的企业

# 第3章

## 在商业中，改变并非万能的，它需要持之以恒

贝拉克·侯赛因·奥巴马总统在第二次就职演讲中提到，在他看来，美国人，尤其是那些“勇于承担风险和善于做出改变”的美国人拥有“无限的可能”。

改变恰恰是本书的主题。在这个日新月异的时代，当改变找上门时，谁能随之改变自己及其企业，谁就拥有成功的无限可能。掌握了改变的艺术，你就可以无所畏惧。正如总统先生所指，这些人就是为这个时代而生的，他们必须抓住当下的机遇。

你可能觉得，运气不站在你这一边，但事实并非如此。其实，这是很合理的风险，除非你对需要承担的风险一无所知，却又不听取别人的意见以提高成功的概率。

风险与我们息息相关。虽然我一直都意识到这一点，但我对此最深刻的认识却来自我课堂上那些在阿富汗和伊拉克服役过的美国大兵学生，他们修读我的一个名为“成功创业”的关于创业的课程。此外，我还教过经历过战争之险的以色列学生。

不像其他绝大多数的学生一样，他们都曾面对过比创业风险严重得多的后果。毋庸置疑，在战场上，受伤或牺牲的士兵的比例比失败的企业家更低，然而，他们承受的后果却更为严重，而且每一个士兵对我们来说都十分宝贵。尽管我敬重他们，对他们承受的终极风险表示感激，但是我依然不得不让学生们认识到：创业失败所带来的风险虽然并不足以致命，但却比在战争中受伤或牺牲的风险普遍很多。

关于创业固有的风险，人们进行了众多广为人知的研究，而结果有点令人气馁。引用最多的一个数据是每 10 个创业者中有 9 个会以失败告终。但凡心智正常的人，谁会接受这样的概率？我课堂上的那些战争英雄在战场上就不会接受这样的概率。

人类终其一生都在承担风险，但是他们并没有失去理智。他们竭尽全力想避开 90% 的风险。那么，为什么还有那么多人创业？毫无疑问，对于这个成功的概率，除了显而易见的解释，（他们这么做）背后还有更多的原因。可能的原因包括：①这个概率有误，实际上没那么高；②他们认为失败的那90% 的创业者要么能力不足，要么不适合，因为他们不具备"我这样的条件，所以，我会做得更好"；③很多新兴企业面对的竞争太强烈，或者它们缺乏资金，导致资金链断裂。

无论如何，创立和经营一个企业都不简单，但根本没有看起来那么艰难。完成所有必要的步骤看似很困难，但通常都简单易行。

在你获得创业灵感后，如果你做了 SMART［注：S（Specific）明确性、M（Measurable）可衡量性、A（Attainable）可实现性、R（Relevant）相关性、T（Time－based）时限性］的调研后，会学到以下几点：①其他人是否已经尝试过；②是否有现有的专利阻碍你实现目标。

此外，如果有人在你之前尝试过，那么你可以了解：①他们为什么失败了；②是否存在来自类似产品或者解决你的产品或服务所解决的问题的类似方案。

你还会知道：①你生产该产品的方法、地点、产能和成本；②确保盈利的最低价格；③顾客对该价格的接受程度；

④哪一种营销策略、商业模式和销售渠道效果最佳——这一点特别重要；⑤创业成功需要的资金。

然后，你要决定：①组建一支出色的销售队伍的最佳方案及其成本；②召集团队所需的其他人员的方式及其成本；③如何说服投资者相信你的想法是可行的；④如何证明你具备成功的条件；⑤凭借获得的现有资金，如何去获得成功。不然，你很快会面临筹措资金的迫切需要，这会严重分散你的注意力，会引发可能的“连锁反应”，比如下一轮的投资者会在你水深火热之时，趁机大幅度提高注资的条件。这个连锁反应会稀释你和搭档的股权。因此，你必须确保你的规划很完善，你不是在自欺欺人，你的乐观乃基于现实。

最后一点，无疑也是同样重要的一点，在你将全副身家投入创业之前，在你身边的人（包括你的另一半、孩子以及长期忍受你的亲戚和朋友）丧失耐心之前，你必须说服你自己和他们，让他们相信你能成功。

有很多事情要完成，如果你将所有这些事情都做好了，你应该就可以马到功成了，对吧?

嗯，这看似挺有道理，对于少数幸运的人来说，这甚至可能是真实的。不过，这样的说法不准确，但是这是好消息。实际上，90%的新兴公司并不会在创业的第一阶段就失败，而前面章节提及的所有阶段都会出现。对于创业者来说，这是极大的好消息。

最大的创业研究机构考夫曼基金会针对新兴公司做了一项调查，得出的结论是它们的失败在创业后较长的时间才会发生（参照下表）。

**创业多久失败**

| 失败比例 | 第几年 |
| --- | --- |
| 23.7% | 2 |
| 51.7% | 4 |
| 67.7% | 6 |
| 80.0% | 10 |

来自杰佛瑞·蒂蒙斯和其他人的研究的汇编

如何解读这份分析？有以下几个可能。

◆ 首先，你之所以存在，是因为你对其他企业构不成威胁。不过，随着你一步步取得成功，你的竞争者会对你虎视眈眈。

◆ 创业初期的激情帮你克服了很多困难和阻碍，但随着时间的流逝，你以及你的团队很难维持激情（这与婚姻并没有很大的不同）。

◆ 管理一个已成形的企业与创立一个企业需要具备的技能不同。

因此，比较多的企业都能成功度过创业初期，但更大的风险是出现在守业阶段，而不是创业阶段。

经营一个公司需要的能力有异于创立一个公司需要的能力。获得成功的企业家要么拥有经营公司的能力，要么后期获得了这份能力。他们可以通过改进他们的技能组合来直接获得必要的技能，或者聘请专业经理人。不论通过哪一种方式，他们都可以成为那10%的成功者。

你也可以这么做，创业并非只是一场依靠运气取胜的游戏。通过提升自己展示于人前的能力，你可以提高成功的概率。不过，作为一个创立者，如果你没有也不能够获得经营公司所需的能力，那么你应该将公司交给别人管理或者卖给拥有经营才能的人了。拥有经营才能的人可能缺乏开创公司的能力，不要紧，这也可能是他们空闲的原因。

## 尤吉·贝拉：比赛不到最后不算结束

虽然前述的所有技能都与成功相关，但是我认为，在很多情况下，关键取决于企业家去定期改变企业或者让其他有能力的人来做出改变的意愿和决心。

改变，说易行难。如果一个企业有必要做出改变，改变能有多难？首先，有没有必要不会总是那么显而易见。事实上，极少有人能一眼就看得出来是否需要改变。好在并不需要人人都看得出，有一个人能看得出就足矣，因为他会解释给其他人听并说服他们，然后带领跟随者去完成改变。这里所说的这个人通常指的是最初创立并经营公司的人，最初说服公司众多股东的人，最初带领团队取得早期成功的人。

然而，你不是让企业家去改变企业，而是去改变一个好像他们的孩子一样的很私人的东西，你在要求企业家改变一个他们曾经坚信的理念。你在力劝他们放弃一个他们曾经用来说服固执的股东的信念。对企业家而言，这几乎等同于背叛。

我解决这个问题的原则是：千万别在一个人的信念问题上

争论，反过来，要在他们了解的事情上争论。这是因为，大多数人相信的东西远比他们了解的多。汤姆·斯坦伯格就是这么做的，他请他的律师朋友核实自己的公司在办公用品上花费了多少钱。

如果你觉得没必要进行改变，那就错了。毕竟，如果每一个计算好的步骤都像是一个十字路口，而你全都选择了正确的路线，那么你已经到达你的目的地了。但万一选择错误呢？纠正错误的办法就是改变，所以连续的改变在任何时候都是必要的。大多数人认为，你一旦选择了对的产品和型号，那么，在执行得力的情况下，结果将会令人满意，如图所示。

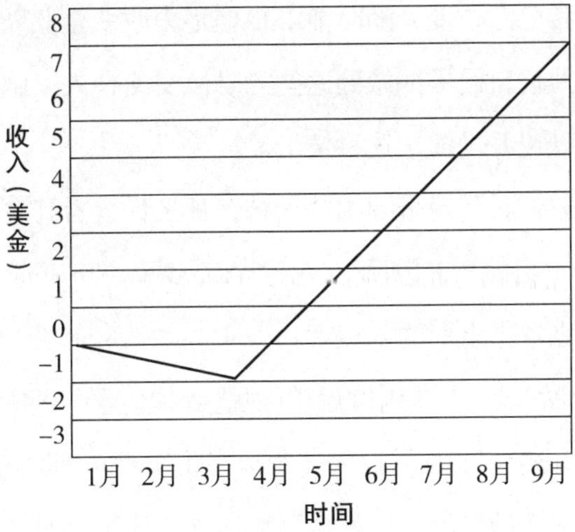


成功创业图

如果这是真的，那么每一个顺利度过创业初期的公司，只要管理得力，执行到位，都将是一个赢家（这个结论与考夫曼基金会的报告不符）。的确，在该理论下，只要有效而持续地执行，这么一个公司会获得持久的成功。然而，商业的内在性质决定了创业容易守业难。尽管《基业长青》这本畅销书的书名会让你觉得一个企业其实是可以基业长青的，但是该书讨论的焦点只在有限的几个企业身上。在成千上万的企业中，它们只代表了竭尽所能做到了基业长青的特殊的案例。充其量，我们能说成功的企业（即基业长青的企业）做到了：①自创立起就与时俱进、主动求变，能够适时地做出改变；②其创立者愿意改变，随时能够自信地去改变企业以及他们自己，并在他们自己不能做到这些的时候交给他人去做。下面的曲线图可以更好地演示这种情形。

如果你们看到这个图的电子档，那么你会看到它有点像街机游戏“小蜜蜂”的图形。在这个游戏里，玩家通过向上射击抛射物来攻击上面的入侵者。

对本书来说，图形中的抛射物就是对企业产生负面影响的事情（正如莎士比亚所说的“厄运的打击”）。假如对企业置之不理，那么抛射物可能就会爆炸，摧毁这个企业。假如企业

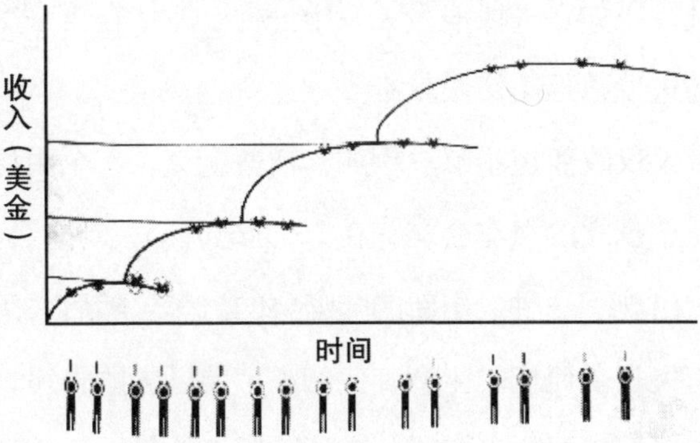


小蜜蜂图形

做出改变（见图上的曲线），它们就可以走出抛射物的射击范围，不会受到打击。这样，企业就会顺利成长，直至下一个挑战来临，比如说竞争者增强了、法律改变了，又或者原材料成本提高了或出现了短缺。

每一次的改变都不会是完美的。虽然即时的改变可以扶大厦于将倾，但是总有一天，疲倦、竞争或客户需求的改变会导致企业由盛转衰。

有意思的是，结果表明，与开创公司相比较，企业每一次的重组要圆满完成既简单又困难。说其简单是因为企业的根基已建立，基础设施都已齐备，起点较高；说其困难是因为这涉及要放弃既有的一手创建的企业模式。此外，重组需要重燃激情。不过，正如在一段浪漫关系中一样，激情在第一次时总是更加容易迸发，但第二次就难了。

有时仅仅改变还不够。例如，斯蒂庞克，一个由移民到德国的几兄弟创立的汽车公司，在 20 世纪前都在制造马车。100 多年前，出现了一种发出新的咔嗒声的汽车。随后，落后的马车制造商失去了他们的生意，他们注定要以失败告终，另外一些马车制造商转而生产汽车。在斯蒂庞克的最后一辆汽车停产很长时间后，其在印第安纳州南本德市的石砌老厂房上依然涂着“斯蒂庞克汽车”这几个字。

奇怪的是，面对从马车到汽车的革命性转变，斯蒂庞克都能够通过自我改变来适应，但是，这个公司却没能再次成功地改变自己，继续与三大汽车制造商（即通用、福特、克莱斯勒）竞争。在汽车行业普及前不久，斯蒂庞克车身上的充满创意的新设计（由雷蒙德·洛威主导）引起了大众的关注，他们都说分不清车应该向前开还是向后开。

或许，这个设计暗示了公司面临着一个更大的困境。显然，斯蒂庞克需要进行一次很大的改变，它对汽车进行新颖又夸张的设计旨在吸引人们的注意力，招徕顾客。在提高产量后，公司可以降低成本，让价格更具竞争力，同时增加每一辆车的利润。看起来向后开的车确实吸引了人们的注意力，但这没能转化为销售额。这种设计最后证明没能带来成功。于是，在20世纪60年代中期，斯蒂庞克向后退到了历史里。

有意思的是，福特公司在1957年推出了一款名为“艾德赛尔”的汽车，它虽然也是一个彻头彻尾失败的产品，但并非孤注一掷的赌注。福特可以用很多其他型号的产品来抵消艾德赛尔所带来的负面影响。对于福特汽车公司来说，尝试并失败了比根本不去尝试更有价值。

最优秀的企业能够持续地改变自己，因而可以长久地存在。不过，它们只是例外，并非规律。没人邀请你去改变你自己或者你的企业。但是，如果你不去改变，你的企业很可能会原地踏步，面对“厄运的打击”只能坐以待毙。或者，你会失去把企业做大做强的新机遇。如果你要获得真正的成功或快速地发展，那么你必须想方设法主动求变。要做到这一点，你必须完善你的技能组合，包括你的心态（信心、决心和激情）。

关于企业创新，一些我采访过的企业家分享了他们令人兴奋的故事。他们其中一些人，比如星巴克的霍华德·舒尔茨、嘉信理财的查克·施瓦布和好市多的吉姆·西内格，都是非常著名的人物。我很快会分享他们的故事，但现在，我会与大家分享一个你可能不知道的企业家的故事，他就是吉尔·曼德尔吉斯——及时改变的典范。

## 吉尔·曼德尔吉斯：如果你一开始并不成功

吉尔·曼德尔吉斯是在不同阶段及时改变的典范。他从一个以色列管理咨询师转变为酒吧的老板，然后又转变为一名来到美国华尔街工作的投资银行家。在这里，他成为了一位企业家。这还远远不是故事的结尾。在接下来的 7 年中，作为图拉安娜公司的创始人兼首席执行官，他被迫不断改变企业以求生存并最终腾飞。

在 2000 年创办图拉安娜公司并不容易。此前，他创业当酒吧老板的经历很糟糕。这段经历如此不堪，导致他答应他的妻子西玛（事实上，包括他自己）从此不再尝试创业。他深爱西玛，也珍视与她的婚姻，但是他有一个梦想，并相信自己可以将之变成现实。况且，这能花多长时间？典型的创业者的过度乐观让他深信，创业的负担在影响到他的家庭前就会结束。

开始，图拉安娜公司的目标是创建一种交易平台。吉尔·曼德尔吉斯看到了人们对这种平台的需求，也有办法去满足该需求，但是他却难以说服他人去理解他的想法。我了解到，有极其精明的投资者花了大量时间去理解吉尔·曼德尔吉斯的想法，但是他们最后放弃投资，因为他们根本看不懂这个项目。

对创业者来说，与潜在投资者争论，说他们看不懂项目是一件危险的事情。一般来说，我们更建议创业者将问题归咎于自己解释不清。就吉尔·曼德尔吉斯的例子而言，之所以会出现该问题，是因为金融衍生产品本身就难以理解。直到 2008 年金融危机爆发，金融作家才开始试图去理解其中的原因。这对吉尔·曼德尔吉斯而言可能也是一个问题，因为他的计划和业务模式尚未在他的头脑里完全酝酿成形。另外，随着各种状况的出现，他不得不改变这些计划和业务模式。

---

## 怪别人前，先怪自己

如果潜在的投资者不明白你的想法，别怪他们，要怪就先怪你自己没有解释清楚。吉尔·曼德尔吉斯想通了这一点，霍华德·舒尔茨也及时地明白了这一点。

---

不过，吉尔·曼德尔吉斯后来成功地向世界上享有盛誉的几个风投公司兜售了他的想法，其中包括赫赫有名的 Evergreen 和 Gemini。

吉尔·曼德尔吉斯坚信他的商业理念是可行的，然而，市场的反应却不一样。他几乎被互联网泡沫击溃，当时，走在前沿的互联网公司接二连三地倒闭，引发了 2000 年的市场低迷。

面对这种情况，吉尔·曼德尔吉斯没有关闭公司，他反而对图拉安娜公司进行变革。他不需要一个放大镜就可以知道未来面临的会是什么。在别人想出一个绝佳的业务模式时，他会毫不犹豫就予以采用。改变业务模式不是吉尔·曼德尔吉斯的主意，而是图拉安娜公司总裁乔·布德松想出来的。在加入图拉安娜公司之前，乔·布德松在德意志银行主管外汇机构经纪业务，他的新模式能够充分利用科技和公司的能力来达到他的目的。

吉尔·曼德尔吉斯意识到，要提高该领域的市场效率，必须要配套金融基础设施。因此，图拉安娜公司开发了一款软件来促进三方外汇交易，并称之为“盒子里的外汇经纪机构”。

图拉安娜公司的团队都赞同乔·布德松的想法。吉尔·曼德尔吉斯当时并不清楚该新模式在外汇机构经纪业务中能否奏效，不过，吉尔·曼德尔吉斯依然对他迫不及待地想继续前进的团队给予了支持。幸运的是，他没有一些创业家身上的自以为是，坚持认为他们自己想出来的主意才能够让公司发展壮大。当团队中有人提出不同意见时，他听取了其团队的意见并进行了修改。

在这个过渡期，始终保持乐观的吉尔·曼德尔吉斯继续努力吸引更多的投资者，这是因为他知道他需要更多的资金来进一步资助和扩大这个项目。在遭受一系列令人沮丧的拒绝后，吉尔·曼德尔吉斯再次成功了：总部位于硅谷的一线风险资本家红杉资本同意投资。红杉资本对其总部所在的硅谷的高科技行业颇有研究，向谷歌、苹果、甲骨文和雅虎等众多重量级的美国公司都提供了风险资本。有了红杉资本在背后支持，图拉安娜再也不需要去祈求其他投资者来投资了。

---

## 每一次的拒绝都是经验

在获得红杉资本的投资前，吉尔·曼德尔吉斯被拒绝了超过100次。重要的不是你被拒绝了多少次，而是一路走来，在每一次被拒绝后，你如何根据有益的批评来更好地改进你的产品或者演示。往往，这需要与他人换位思考。你看到的是一片森林，而其他人还在树丛中挣扎。你看到的是拼图盒子的完整图案，而其他人看到的却是看似没有关联的拼图碎片。

---

德意志银行后来相信图拉安娜的软件可以应用到它的外汇机构经纪业务上。图拉安娜向德意志银行提供了授权，于是很快就获得了第二个客户。随之，其他客户很快就加入，最后，图拉安娜的客户名单成为银行业的一个名人录。它的客户有美国银行、德意志银行、摩根大通银行、AIG、花旗银行、瑞士信贷以及其他的一些家喻户晓的机构。

那是 2002 年中旬。当时，外汇机构经纪业务快速发展，而此时图拉安娜公司在正确的时间出现在了正确的地点，享有天时和地利。

## “非我所创”的态度不利于企业的发展

“非我所创”的傲慢心态会让领导者错失很多机会。不过，吉尔·曼德尔吉斯十分乐意去倾听并采纳他的高管提出的想法和意见，他还愿意向这些高管给予支持和奖励。只有这样，你才能做到集思广益。吉尔·曼德尔吉斯这么做，不管是对于他自己还是对于他的同事都是有益的。

图拉安娜公司的软件在外汇机构经纪业务上的应用表现得游刃有余，事实上，该公司成功地把这个软件卖给了许多顶尖的交易机构。产品的性能很稳定，而图拉安娜的客户需要定期支付费用。实际上，它们是支付使用该软件的租金，从这一点来说，图拉安娜本可以永久地坐享这份成果。然而，一旦吉尔·曼德尔吉斯与占据绝大部分市场份额的那几个机构携手合作后，公司的发展空间就很有限了。

当然，公司可以通过只经营现有的生意来大幅度降低成本，但是如此一来，公司就会毫无发展。何况，吉尔·曼德尔吉斯及其投资者都不满足于原地踏步。尽管有了红杉资本的投资，吉尔·曼德尔吉斯还是多次被其他人拒绝了，直至图拉安娜公司迎来了一个新投资者——Pitango 风险资本基金，后者向前者注入了高达 1 亿美元的额外资金。

吉尔·曼德尔吉斯意识到，这个行业采用的业务模式有缺陷。生意的增长并不是来自于客户，比如有一部分是来自于他之前拥有的经纪机构，当然，这也是很有限的。发展的规模应基于外汇机构经纪交易业务，因为只有这种形式的服务和交易才能占据更大的市场份额。此外，必须想方设法将图拉安娜的发展与这些外汇机构经纪的交易对方（即执行银行）以及经纪机构的客户挂上钩。

幸运的是，除了主要的软件业务以外，图拉安娜公司还有一个小小的网络系统，名为“图拉安娜和谐号”，当时是创建来联络客户的。图拉安娜和谐号仅仅是一个不值钱的营销辅助器，由不足 10 个人经营。虽然该产品没怎么受人关注，但吉尔·曼德尔吉斯还是看到了在图拉安娜和谐号平台上，除了新加盟的客户外，现有客户的成交额也在稳定增长。经过慎重思考，他决定将图拉安娜公司的将来押在图拉安娜和谐号之上——按照每一笔交易向客户收取一定的费用，并朝该方向调集所有人力和物力。

就这样，图拉安娜公司从一个成功的软件公司转型成为一个互联网公司，开启了按交易收费的业务模式。转型远远谈不上容易，但是，在吉尔·曼德尔吉斯的领导下，图拉安娜的团队成功改变公司的业务方向。他们不得不改变了他们的产品，从一个软件产品供应商转为一个活动中心的服务提供商，这意味着需要改变他们与客户之间的关系，并按照每一笔交易向客户收取费用。外汇机构经纪业务在成倍地增长，而如今图拉安娜就是增长发生的中心。后来，图拉安娜将其客户名单扩展至二线和三线投资银行、投资基金以及对冲基金。借助快速发展的结构经纪产业的东风，图拉安娜成功转型，实现了规模的扩展。

在采访中，吉尔·曼德尔吉斯向我反复强调公司的成功并非他一个人的功劳，而要归功于他的团队。即便是这样，这毫无疑问是一次勇敢的成功创业。

如今，每一次有人使用该网络或是经纪人的客户完成交易，图拉安娜公司都会获得一笔费用。它新提供的一揽子服务，包括交易处理、损益限额监控、通知和调节交易活动等，每一项都根据成交量来衡量和定价。

那么，图拉安娜公司是如何为它的新产品创建一个新的客户群的呢？它是聘请一批超级销售员替代那些被解雇的员工吗？这倒不必，每一个使用者都会要求交易搭档加入图拉安娜网络。这好比一个简单的电话网络，一旦你加入了，你就会赶紧邀请你的家人和朋友也加入其中，否则你就不能与他们通话。类似的现象也发生在贝宝（全球最大的在线支付平台）和可能是所有的社交媒体公司身上，这促进了它们的发展壮大。

通过对每一笔处理过的交易进行收费，图拉安娜的收入来源随着外汇经纪机构（即它的客户群）日益增多的使用量而增长。当然，对业务模式的改变它并非没有经过慎重的考虑。吉尔·曼德尔吉斯赌的是交易量会保持增长，而大型机构客户也十分需要图拉安娜的处理平台，所以它们不会轻易离开它。在很多情况下，如果大公司认为一个小型的令人讨厌的新兴公司已经形成规模，动了它们的蛋糕时，它们会采取非常手段来摧毁它。然而，图拉安娜公司是个例外，它的网络、创建这个新空间的团队给自身的定位及其展现出来的韧性很受大型机构客户的喜爱。事实上，它们和图拉安娜一起联手把这个平台办成功了。更重要的是，使用量确确实实在逐步上升。

在做出最后一次的改变后，图拉安娜成为一间独特的公司。它成为这类网络提供商中的佼佼者，没有遇到过强烈的竞争。在接下来的2年（即2006财年和2007财年）时间里，图拉安娜的网络收入开始迅猛增长。随着营业额的增加，亏损逐渐减少。

图拉安娜公司于2006年再次增员至125人，由于团队的组建需要时间。图拉安娜虽然亏损在减少，但依然在亏损，截至2007年亏损继续在减少，2008年亏损进一步缩减，并在2009年开始扭亏为盈。

于是，吉尔·曼德尔吉斯开始接到来自世界各地的投资者吵着嚷着要投资的电话，公司的未来是从来没有过的美好。2006年，在公司借助新项目实现华丽转身仅仅12个月后，一位同行联系吉尔·曼德尔吉斯，向他表达了收购其公司的意愿。在接下来的几个月里，与有意收购者的谈判变得正儿八经，最后买方向图拉安娜出价1.65亿美元。

这位“求婚者”并非金融行业里向吉尔·曼德尔吉斯伸出橄榄枝的唯一一个人，另外还有几个人联系了他并表示有意收购图拉安娜，但是吉尔·曼德尔吉斯并不与他们会面，而是把重点放在已经在谈判的人身上。

由于出售公司的想法是由潜在买家提出的，所以吉尔·曼德尔吉斯的管理团队之前没有对公司进行过估值。与此同时，风险资本家继续在询问向图拉安娜投资的机会。吉尔·曼德尔吉斯预计，如有必要，图拉安娜可以筹措到私募风投资金1.5亿~1.6亿美元（按交易前估值）。

当吉尔·曼德尔吉斯及其团队开始公开讨论收到的报价时，他们意识到，他们的决定取决于他们对公司未来的信心。大家的期望值很高。假如公司保持目前的增长速度——图拉安娜的交易额按每月5%~10%的速度上升，那么公司的价值在2~3年后会远远高于这个价值。这样的话，1.65亿美元的报价就显得太低了。

如果公司的业绩没有预期的好（毕竟，这样的增长速度能维持多长时间），反而下降了，又会产生什么影响？图拉安娜团队就会错失一个高价卖掉公司的机会，而这个机会可能永远不会再出现。

随着外汇机构经纪业务开始发展，对电子自动化的需求也随之增长，这是因为人们认为它能带来更高的效率、更高的透明度、更快的速度和更低的成本。全球市场之间的相互关联远比从前更容易，而且全球范围内的外汇交易也可以轻易连接和追踪。对寻求更高自动化的众多市场参与者来说，图拉安娜和谐号是一个理想的解决方案。

这个产业的增长前景是图拉安娜拒绝被收购的原因之一。随着 2007 年这个产业的日交易额增长至接近 3 万亿美元，图拉安娜的外汇业务看起来前景非常可观。

显而易见，1.65 亿美元是很大的一笔资金。对于一家还未开始营利的公司来说，这看似是一个非常好的报价。吉尔·曼德尔吉斯的机构投资者也可以从中获得切切实实的回报，而他们曾经一度担心他们的投资会打水漂。对于吉尔·曼德尔吉斯而言，这笔交易会给这个行业带来翻天覆地的变化，他的人生也会如此。

不过，吉尔·曼德尔吉斯及其投资者依然记得之前因为过分乐观导致最后梦想破碎的血的教训。没有人想听到别人说："难道你还没吸取教训吗?" 而且，资金上的困难也让他们更愿意接受收购方的报价，毕竟，你永远不知道将来会发生什么事情。

图拉安娜的董事会很配合，董事会成员对吉尔·曼德尔吉斯基本上是随叫随到。吉尔·曼德尔吉斯尽量尊重他们繁忙的日程，而他们也表现得十分高效。随着事态的进展，他们变得很重要。经过无数次的谈判后，收购方的报价提高至 2.35 亿美元。此时，这笔交易已经进行到最后的文件准备和结束阶段。

## 吉尔·曼德尔吉斯押注在图拉安娜的身上

所有条款都已设定。吉尔·曼德尔吉斯双线作战，他不仅要就交易的条款进行谈判，而且还需参与到再次改变图拉安娜的过程中。这次是前所未有的大改变，将图拉安娜从一家小型独立的创业公司变成一家大金融机构的子公司。吉尔·曼德尔吉斯的董事会会取消，管理层人员会从上面的金融机构空降到他们公司，吉尔·曼德尔吉斯及其团队将要屈居人下，所以吉尔·曼德尔吉斯需要知道他们会是什么样的人。

毋庸置疑，吉尔·曼德尔吉斯及其投资者可以轻易赢得盆满钵满，然而，图拉安娜的团队将不得不寄居于收购方篱下。吉尔·曼德尔吉斯觉得要对其团队的福利以及他一手创办的公司的命运负责。

数月前，收购方的高层和法务团队已经同意了被收购方提出的一系列条件。如今，随着交易接近尾声，吉尔·曼德尔吉斯及其董事会发现收购方在基础条款上出尔反尔，又提出了一些图拉安娜及其投资者最初就不会答应的改动，此外还增加了它们不能接受的新条款，接受新条款会给图拉安娜带来昂贵的成本。虽然这依旧会是一笔不错的交易，但是现在这个变动会带来实质性的风险。吉尔·曼德尔吉斯向收购方解释了图拉安娜及其投资者难以接受新条款的原因，并要求收购方按照图拉安娜最初同意的条件执行协议。然而，收购方的团队强烈反对，而它的高层拒绝撤销新条款。

该机构在协议中加入了一个停滞期，这意味着吉尔·曼德尔吉斯在这段时间内不能与其他潜在的收购者商谈。该做法在此类交易中很常见，因为它保证了后续的诚意讨论（由于卖方不清楚是否还有其他选择，他们会倾向于抓住“手中之鸟”）。例如，在买方改变条款的情况下，假如卖方在经过尽职调查后持反对意见，那么卖方可能会分析是否改选其他可行的买家。停滞期条款禁止卖方与其他买家接触，因而卖方更有可能继续与买方谈判，而不是放弃现有交易，转而寻求其他可能性。

吉尔·曼德尔吉斯左右为难，他对买方失去了信心。他不想让他的团队去追随他不确定是否值得信任的人，他觉得两家公司的文化不兼容。但这是一份不错的报价，尤其是在没办法知道是否还有其他替代买家的情况下。吉尔·曼德尔吉斯并不仅仅是不清楚是否有其他人也会付这么高的价格，他同时还有一个考虑：图拉安娜会不会因为这个交易失败了而被认为是残次品。

吉尔·曼德尔吉斯及其董事会对此进行了讨论。董事会成员由投资者的普通合伙人组成，他们并不需要忍受收购方。在交易结束后，他们会收到大笔的资金，从此迈向美好的未来。当然，董事会有点担心以收购方身份出现的人最后是否会完成这笔交易。另外，他们也不敢肯定吉尔·曼德尔吉斯是否会无视金钱的回报，选择继续留在公司。毕竟，没有吉尔·曼德尔吉斯，就没有这次交易。

董事会支持吉尔·曼德尔吉斯的决定，后者通知收购方取消交易。幸运的是，在停滞期结束后，吉尔·曼德尔吉斯致电的第一批人来自 ICAP——世界上最大的经纪交易商。他们反应十分快速而且积极，最后以略高于 2.5 亿美元的价格收购了图拉安娜公司。

## 持续的沟通是一笔不错的投资

在整整7年时间里，吉尔·曼德尔吉斯与其投资者保持着良好的沟通，既告诉他们好消息，也告诉他们坏消息，还与他们分享他处理问题的思考过程。有时，这很烦人，不仅对吉尔·曼德尔吉斯是这样，很可能对他的投资者也是如此。但是，在吉尔·曼德尔吉斯最需要他们的时候——即在终极改变尚未落实时，他们信任并支持他。

如前面所述，这绝不是吉尔·曼德尔吉斯第一次敢于承担必要的风险去改变自己及其公司。在研究吉尔·曼德尔吉斯的过往经历时，我不禁把他的成功归因于他对自己独特背景的改变。吉尔·曼德尔吉斯在以色列出生并长大，该国度在由丹·塞纳和索尔·辛格合著的《创业的国度》一书中被称为“创业的国度”。

就像其他以色列人一样，吉尔·曼德尔吉斯的父亲曾在以色列国防军中服役。然而，天有不测之风云，他的父亲于

1973 年在赎罪日战争中牺牲了，那一年吉尔·曼德尔吉斯才 5 岁。一个失去父亲的孩子长大后可能会觉得冒险已融入了自己的血液中，但他承担的风险怎么能与他父亲所承担的风险相提并论呢？这是一个几乎所有人（包括吉尔·曼德尔吉斯）都在军队服过役的国家。所有人都生活在各种各样的威胁之中，有来自恐怖主义者的威胁，也有来自其他国家的威胁。在这种条件下，创业的风险看起来就非常渺小了。

不过，我与很多来自以色列、美国和其他国家与地区的企业家都有过合作，向其提供过咨询、指导等服务或与其共事过。相对而言，以色列的企业家更敢于冒险（或许更多的是风格的差异而非实质的不同），但是他们通常会更加抗拒改变。

吉尔·曼德尔吉斯可以很固执地顶住压力，不去做他不愿意做也没准备好要做的事情。除了固执，吉尔·曼德尔吉斯还非常小心慎重。与企业家的普遍形象相反，他不是一个赌徒，他不会感情用事，也不会仓促地做决策。如果手头上的任务是招聘一个新的总裁，吉尔·曼德尔吉斯会十分乐意花 1 年的时间去找到一个对的人。

---

## 世界在改变，要明白什么是不变的

在吉尔·曼德尔吉斯的世界里，科技和新金融工具处于一种超音速的变迁状态中。不过，就算其他事物都看似已经失控，有些原则和理念——作为图拉安娜文化基石的价值观——依旧保持不变。在做出改变以适应异常的变化时，吉尔·曼德尔吉斯依然能够坚守着不变的东西。

---

在吉尔·曼德尔吉斯的身上，我看到了一些在那个独特的国度里也显得很特别的东西。他可以站在客户的角度去思考问题，预见可能会发生的事情。他看到了拼图盒子上的图片，对于想象力稍差者来说，他们会对吉尔·曼德尔吉斯的拼图盒子上的图片看起来一直在变化感到困惑。但是，吉尔·曼德尔吉斯每一次都可以看到拼图碎片组合在一起后的图案，他总是可以避开喧嚣的干扰直达目标。

## 避免夸大规模的限制

虽然图拉安娜做得不错，但是它的客户群很小，亟待扩张。虽然它有一个引人入胜的故事，但是却欠缺听众来开创一个有意义的发展模式。最终，一家大规模的收购公司解决了这个问题。在一个类似的困境中，查克·施瓦布同意了接受美国银行提出的种种限制和约束。对于查克·施瓦布来说，要解决他的问题，他必须要回购嘉信理财。他只有这么做，才能粉碎美国银行的束缚。对于图拉安娜公司而言，ICAP 最后证明了它是一个完美搭档。ICAP 的人拥有和图拉安娜人一样的价值观，富有创业精神，激励创新，并看到了成长中的图拉安娜的伟大价值。

当吉尔·曼德尔吉斯出售图拉安娜时，他和他的团队与收购方 ICAP 签订了长期劳动合同，这样的安排是惯常的做法。ICAP 的人重视与利益相关者如员工和客户的连续性关系，他们会绑定创业者数年，以防止后者再创业并与他们竞争，这样的关系极少是良性的。创业者，从定义上来说是不能受雇的，如果要向老板汇报，创业者会觉得极不自在。事实上，不想再服侍老板可能是促使创业者最初创业的一个原因。

有 2/3 的创业者会在忍无可忍的情况下提前与收购方解除合约并放弃他们的工资。与他们刚赚到的财富相比，这点损失根本无关紧要。

ICAP 与图拉安娜的情况超出了所有人的预期。在那个绝大多数大型金融机构估值被低估的年代，图拉安娜从 8 家投资银行公司那里以高于收购价的估值获得了股权投资。吉尔·曼德尔吉斯是图拉安娜的执行总裁，还加入了 ICAP 的执行委员会，负责 ICAP 的其他业务。他很满意他的工作，并希望自己能帮助 ICAP 向多元化发展。

事实上，吉尔·曼德尔吉斯又一次实现了自我改变。这一次，在把图拉安娜出售给正确的买家后，他从一个创业家转变为总裁，他给了自己一个更高的平台。

吉尔·曼德尔吉斯很快就适应了新的舞台和新的角色，因为他需要做的仅仅是增加一些技能而已。为了适应他与 ICAP 老板们的新关系，他改进了他曾经向以前的董事会和风险投资股东展示的那些技能。无论如何，这是用另一种方式去改变的范例——从创业家到收购方公司的高管，并因此获得一个更高的平台。

我们会在后面的章节中探讨通过改变晋升至更高的平台的案例，但是这种做法很少能在收购中奏效，这是因为一些创业者不能够接受改变。此外，很多时候收购方不会像 ICAP 对待吉尔·曼德尔吉斯那样扫榻迎接创业者。而如今，当吉尔·曼德尔吉斯回想过去时，他可能会想到那些曾经支持过他的律师和公司的高管。

# 第4章

## 与敌共舞

霍华德·舒尔茨、汤姆·斯坦伯格、朱尼奥·布里奇曼、迈克·克拉斯尼和玛克辛·克拉克的反对者，不论其出发点是什么，都是他们的“敌人”。假如反对者赢了，那么，这些伟大的企业家们所创造的标志性品牌今天就不会存在了。然而，在某些情况下，我们不应该无视反对者，反而应该虚心听取他们的意见，假如这听起来令你感到困惑，那么请记住，吉尔·曼德尔吉斯的成功，就是因为当时听取了其员工让他放弃既有业务模式的意见，而拉里·利维在直接无视外面一个反对者的意见后，却被他的同事说服去“与敌共舞”。

拉里·利维的故事与吉尔·曼德尔吉斯的故事有些神似。推动改变的主意都不是他们自己想到的，而是来自核心员工的建议，两者都没有本能地拒绝他人想法的傲慢自大的性格。相反，他们乐意去倾听这些想法并接受他人的提议。此外，他们各自都曾把一个重要的建议拒之门外。拉里·利维拒绝了一个不相干的商人力劝他进军体育馆餐饮生意的建议，而吉尔·曼德尔吉斯则拒绝了其董事会最初提出的关于以当时的价格出售公司的建议。

从特种部队退役后，拉里·利维的第一份正式工作与房地产行业有关。“我从未离开过房地产行业。”他这么说。是的，他仍在建造高楼大厦，买入卖出，并从事其他与房地产有关的业务。

不过，如果你单纯地把他的企业——利维集团，视为一个普通的房地产企业，那么你就会错失了它的精华所在。你还会错过一个引人入胜的故事，失去一个了解拉里·利维发展历程以及学习其中的宝贵经验的机会。

## 别忽视反对者的意见，要加以利用之

拉里·利维由工业房地产经纪人起家，后来转型成为投机商，他在芝加哥的近郊县（指毗邻芝加哥所处的库克县的县区）囤积了5500英亩的土地。在那里，他改建办公大楼，一开始的身份是霍桑集团的员工；接着，他在28岁时成为该集团的总裁；然后，他在1978年创立了利维集团。他让霍桑集团出面购买土地用来建设伍德菲尔德办公园区，该办公园区最终容纳了100万平方英尺（1平方英尺≈0.093平方米）的办公区以及3家酒店。

后来，拉里·利维在芝加哥的密歇根大道和橡树街的拐角处取得了一片宝贵的土地。该片土地位于密歇根大道的繁华一端，号称“华丽一英里”，从芝加哥河延伸至密歇根湖的橡树街上。这条位于密歇根大道的长达1英里（1英里=1.609344公里）的街道拥有全芝加哥最好的购物商场，而拉里·利维在买下的上等地段上建了著名的华丽一英里大楼，里面有办公室、公寓套房、零售店和饭店。

差不多同一时间，拉里·利维决定邀请他的兄弟马克和他一起开一家饭店，起名“卡普兰饭店”，是一家犹太式熟食店。开张后，他们邀请了一个搭档专门负责经营。

饭店的经营者在选址时无一例外都在街道上寻找。然而，拉里·利维却把饭店开在了水塔大厦第七层——商场的最高楼层上，该大厦是密歇根大道上的一栋独特的新型垂直式购物中心，它的开发商是美国前商务部部长菲利普·科鲁兹尼克。

按照拉里·利维的说法，他的经营搭档“把什么事情都搞砸了”。于是，他们解雇了他并收购了他的股票。拉里·利维把他母亲带到芝加哥来管理饭店并担任厨师，她做得非常棒，熟食店很快就开始盈利。水塔大厦第七层的店面甚至变成了一种资产，食客们乘坐观光电梯到顶层然后又下来，一层层停下来看看自从上次来访后又有哪些新店开张了，这似乎变成了一种潮流。

水塔大厦成为芝加哥的第一大旅游景点。利维团队的冒险获得了回报，拉里·利维勇于承担风险的做法也得到了嘉奖。他的公司被批准可以在这座大厦再开 4 家饭店，从此腾飞。

在水塔大厦经营饭店成功了，美轮美奂的新建筑物华丽一英里大楼也顺利奠基，这些让拉里·利维成了芝加哥的名人。很难说他公司当时的主业是房地产还是饭店，不过在一段时间内，经营饭店的生意确实让拉里·利维更为省心。

## 周期性和脆弱性——心烦意乱

在 2006 年的黎巴嫩战争期间，我在芝加哥一个安全的办公室里辅导以色列的创业者们。我对那些创业者们从防空洞里给我发邮件讨论他们的待定项目的做法感到惊叹，他们向我保证，他们优先考虑的事情是进入防空洞，接着他们才会考虑更长远的事情。

相似地，在“厄运的打击”到来时，警报长鸣，提醒创业者们蹲下和保持安全。在做出那瞬间的反应后，他们必须将注意力转移到更长远的事情上来。仅仅想着保持安全或者认为保持安全就是成功的想法可能就是导致不能生存下来的原因。拉里·利维身上就差点发生了这样的事情，当时他一度认为一直未能威胁他的敌人永远都不会对他构成威胁。

事情发生在 1978—1979 年期间。为了兴建华丽一英里大楼，拉里·利维以高于最优惠利率 +1（即比最优惠利率高 1 个百分点）的利率贷款了 100 万美元，最优惠利率是大银行向它们的最佳客户收取的利率。这意味着，随着最优惠利率的上升，拉里·利维的建筑贷款利率也会上升。在当时的联邦储备银行主席保罗·沃尔克看来，提高利率是抑制通胀的最佳方法。最后，最优惠利率上涨到 20%，因而拉里·利维的利率是 21%。此外，高利率导致人们难以获得购买公寓所需的按揭，也导致公司付不起新的房租。你可能在想，在那段时间里，拉里·利维肯定希望他仅仅只经营饭店生意。

不过，最后总算恢复了常态，华丽一英里大楼也落成了。当然，低迷的经济也不利于饭店生意。随着经济好转，在密歇根大道上的新建筑吸引了大量的游客和当地人来观看，他们所有人都伸长脖子围观新开张的零售商店和饭店，这些都是拉里·利维位于水塔大厦上的饭店面临的竞争。那段时间，基本上饭店生意已经无利可图。

我告诉我的学生们，我相信运气但是不会依赖它，我更喜欢创造自己的运气并准备好在机会出现时随时抓住它。这个话题后面会再行讨论。恰恰在这个时候，一个成功的前房地产开发商杰里·莱因斯多夫找上了拉里·利维。

杰里·莱因斯多夫和芝加哥最显赫的几个人一起买下了芝加哥白袜棒球队。随后，在迈克尔·乔丹成为家喻户晓的“飞人乔丹”前不久，杰里·莱因斯多夫又买下了芝加哥公牛篮球队，真是好运冲天！

1981 年，杰里·莱因斯多夫和搭档从比尔·维克手上买下了白袜棒球队。后者是棒球界的巴纳姆，他曾经在对阵克利夫兰时让一个小个子球员击球，因为他知道就算好球区变小了，投手也不会错失目标。杰里·莱因斯多夫在布鲁克林的道奇队艾必斯野场的附近长大，是一个真正的棒球迷。他明白白袜棒球队及其主场科米斯基体育场必须要改变，他既想要留住附近忠心耿耿的蓝领球迷，其中包括住在体育场附近的布里奇波特市的戴利市长一家人，同时又想要吸引市中心和郊区的像公司白领这样的“消费大户”。

迎合两大消费群体需要更高的成本，不管在基础设施方面，还是在运营方面，均是如此。不过，在莱因斯多夫集团偿还因贷款收购球队而产生的债务时，这些都需要等一等。为了偿还债务，莱因斯多夫集团建了 17 个当时所谓的“天空包厢”。杰里·莱因斯多夫致函利维集团，询问利维集团的人是否可以在每一场比赛的前一天在水塔大厦的饭店里准备好食物，并在比赛当天向“天空包厢”供应餐饮。放了一天的食物会通过厢式小货车运至体育场，车内装有加热器，用来加热供应给“天空包厢”的顾客的食物。

面对询问，拉里·利维回复：“不，我们不做这个。我们不向单位提供餐饮服务。”拉里·利维觉得，公司应该只做它擅长的事情。另外，对于利维集团的饭店来说，将前一天的食物再次加热后出售是不可接受的，而且，以高价钱租下“天空包厢”的观众是不会接受这种食品的，虽然在拉里·利维看来，观众花钱换来的“天空包厢”是与外部隔绝的座位，令他们错失了亲临棒球场激动人心的体验。

拉里·利维对球迷会花那么多钱来租“天空包厢”一事感到困惑不解。他们得到了什么？仅仅是为了观看自1917年后从未赢得过世界级比赛的二流球队比赛吗？

杰里·莱因斯多夫继续寻求与利维集团合作的机会，解释说新球队老板承诺会花大价钱签订优秀球员。他们会把世界级冠军带回芝加哥，而拉里·利维可以获得前排座位。最后，拉里·利维投降了。他同意向“天空包厢”供应前一天的食物，而这些食物会用带加热器的货车运送进去。

（注：杰里·莱因斯多夫说对了，他确实给芝加哥带回了一个世界冠军，不过这在24年后才发生。不幸的是，当时拉里·利维正在国外度假，没能坐在前排座位上观赛。）

## 在棒球场，前一天的食物就是美食盛宴

第二年，白袜棒球队又建了17个“天空包厢”，当然，杰里·莱因斯多夫让拉里·利维也为这些包厢供应食物。那时候，利维集团发现它在“天空包厢”的餐饮生意上赚取了很高的利润，这34个包厢产生的利润高达250多万美元。此外，

球迷们对食物赞不绝口。在媒体和大街上，到处都可以听到“你们真是天才，食物很棒，顶呱呱”等赞美。前一天的食物，还是用带加热器的货车运送和加热的，利维集团的人清楚这些食物并不符合他们饭店的出品标准。他们逐渐意识到，人们纷纷点赞的原因在于他们对棒球场食物的期望值不高。

那一年，利维集团举办了一个管理层聚会，聚会上内部的财务人员说建一个饭店的成本高达 150 万美元。如果饭店的效益很好，它一年可以创造 50 万美元。但是，如果效益不好，那么 150 万美元的建造费以及饭店开张后的经营亏损将全部算在拉里·利维及其投资者头上。

高层管理者认识到，一间差的饭店会抵消不止两间好饭店的利润。况且，大家都知道，饭店行业的失败者远远多于成功者。另外，他们注意到，向体育和娱乐场所供应餐饮是一个不错的选择，只需要很少的投资，却可以创造很大的利润。

利维集团管理团队的一些成员做了一个简单却有意思的分析：“在白袜棒球队项目取得的成绩是零投资的，如果换作建饭店，需要投入大量的资金不说，结果可能还是几家欢乐几家忧。”

与此同时，芝加哥的高楼大厦依然像雨后春笋般冒出来，开设在里面的新饭店进一步影响了拉里·利维的水塔大厦饭店的生意，在公司其他管理层的带领下，拉里·利维和兄弟马克开始寻觅体育馆方面的商机。

---

## 众人拾柴火焰高

鼓励并奖励好的主意，别害怕承认你没有想到。有些公司会举办聚会，这样领导就可以激励员工和奖励表现优异者。拉里·利维举办的聚会旨在鼓励管理层提出新的甚至是和他相反的想法，并会听取他们的建议。拉里·利维在认真倾听后，如果意识到管理层说得很在理，他会坦然承认他们是对的，而他没有想到这一点。在卖出公司后，拉里·利维让很多高管都变成了富翁，他表示他们受之无愧，他们为他的财富增长做出了巨大的奉献，没有什么奖励比“分一杯羹”来得更实际。

---

在1982—1987年期间，除了科米斯基体育场，利维集团还获得了瑞格利球场、麦考米克大厦（即芝加哥会议中心）、

阿灵顿赛马场、林肯动物园和拉维尼亚展馆（一个位于芝加哥郊区的演唱会馆）的餐饮服务合同。

1982 年，拉里·利维购买了当时拥有拉维尼亚展馆餐饮服务合同的希尔曼餐饮公司，并在同一年开始为该展馆提供餐饮服务。其实，拉里·利维买下希尔曼公司的醉翁之意在于它是位于芝加哥市中心的房地产，那里有希尔曼公司开了 50 多年的零售店。对于芝加哥的另一个房地产大亨来说，希尔曼物业是一个房地产噩梦。然而，拉里·利维仅额外支付了 1 美元就获得了一个更有价值的资产，那就是拉维尼亚展馆的餐饮服务合同。

拉里·利维说："赢得这一切都是我们团队同心协力的结果。"而全国也因此掀起了一波兴建体育设施的新浪潮。利维集团在 1994 年最先建了 3 座，紧接着别人争先恐后地尾随而至。拉里·利维说："后来，我们的生意在很短一段时间内遍布克利夫兰、堪萨斯城、圣路易斯、波特兰、奥兰多、洛杉矶、阿特兰大、丹佛、迈阿密等地区。我们甚至考虑过上市，因为我们很快就实现了 20% 的市场份额。在卖出公司前，我们的市场份额达到了 50% 。现在，这个比例甚至更高。"

无巧不成书，当时迪士尼公司计划通过让餐饮公司竞标在迪士尼乐园开饭店来改善其伙食质量。利维集团在竞争中脱颖而出，最后它在迪士尼乐园建了3家饭店。根据拉里·利维的说法，这3家饭店“经营得非常成功和利润超高”。此后，利维集团进入了一个全新的业务模式。

拉里·利维很清楚，独立经营饭店存在很大的风险，要与里奇·梅尔曼（经营得十分成功的Lettuce Entertain You餐厅集团老板）之流竞争实在不容易。因此，与其使尽浑身解数来吸引顾客，还不如借助球队和主题公园来招徕顾客。他们一直在这么做，也知道这么做的效果很好。球队和主题公园的生意增加了营业收入，并且减少了经营成本。

拉里·利维说，迪士尼餐饮项目利润高的一个原因在于，迪士尼“在很多方面与体育相同，而另外一个原因则是我们的服务迎合了芝加哥人热情好客的性格。我们对顾客真的很用心，我们宁愿一次只赢得一个顾客，也不会强迫他们接受不好的服务”。

由于其他经营者在体育场所供应热狗时服务很差，导致人们对饭店的期望也不高。而拉里·利维则向球队老板保证，可以给他们带来惊喜。果然，后来利维集团在取得更好的财务业绩的同时，顾客也更开心了。当然，每一个新竞技场和体育馆的期望也变得越来越高了。不过，就算这样，拉里·利维还是能够远远超出他们的期望。

对一些人来说，体育场所的生意看起来并不那么理想，毕竟，拉里·利维在与6家颇具规模的食品公司竞争，它们是爱玛客、沃伦服务、美国服务和北特拉华等。事实上，这么做的风险很低。按照拉里·利维的说法，这些公司并不关心食品的质量和服务的态度。拉里·利维觉得："它们采用的都是过时的业务模式：它们当时全部外包经营，对食品质量莫不关心，连卖的面包都是快要过期的。所以，经过1年时间的考察，我们基本上知道了这是一个极好的介入机会。于是，公司从'利维集团'改名为'利维饭店'，我们知道，树立一个好的品牌有助于拓展公共场所的餐饮供应业务。"

"作为一个土地开发商，对房地产经济的深入理解令他受益匪浅。而新的棒球场经济就是具体化的房地产业务，即贵宾座位（会员席位和'天空包厢'）以及专门为之供应餐饮的饭店。那些老式餐饮公司由于受限于旧体制，无法提供优质的食品和服务。"

"他们没有我们所说的厨师，只有一大帮的后勤人员。但是我们拥有厨师、有食谱，而且还有我母亲这张王牌，我们能够真正地给员工晋升的机会。于是，这些大公司最后把‘天空包厢’让给了我们。他们说：‘我们不想让自己难堪，反正这么做我们也赚不到钱。’”

“我们认识到，需求决定价格。只要不是漫天要价，你似乎就可以随意定价。在‘天空包厢’里，付款的人并不在场。包厢里的人十之八九都是租用该包厢的最好客户。在出售甚或预售大量食品和饮料时，起关键作用的是租用包厢的公司首席执行官的秘书。”

“这不过是一种不同的业务，我们很清楚这一点，也收集了很多资料，在不同的城市都有很多这样的顾客。接着，我们又发明了甜点车，这后来成了这个行业的佳话。”

---

## 了解你的顾客是谁

拉里·利维知道他的顾客不是租用“天空包厢”的公司首席执行官，而是体育馆的老板。毫无疑问，这个老板想要让“天空包厢”的租客开心，而拉里·利维带来的附加值在于帮助体育馆老板创建并维护体育馆的食品供应部并令“天空包厢”的生意更好且盈利更高。

---

可观的分量和甜点车上吸引人的表演，这些都真正给棒球场添加了一种新元素——娱乐，深受大家喜欢，甚至连非体育迷都喜爱观看，而这又给棒球场带来了另外一群观众。在本书其他章节所分享的案例中，故事的主人公也明白，在零售行业中，成功的关键在于娱乐。

拉里·利维说：“新球馆可以获得全明星赛的举办权，并且很多时候会有机会组建优秀的球队。因此，其他球队的老板在兴建新球馆时开始参考我们的做法。”

---

## 零售就是娱乐

美观而迷人的甜点车载着超大号的食品，它可能养胖了很多球迷，但是，它同时也吹鼓了球场老板和利维饭店投资人的口袋。

---

## 丹尼诗·加夫尼：管理者转型为合伙人

在电视主持人大卫·莱特曼被召去当陪审员时，他告诉他的电视观众，说他很高兴而且很适合当陪审员，因为他只需看嫌疑人一眼就能判断他是否有罪。相同地，企业家经常认为，他们只需看一看应聘者或其简历就能判断对方能否胜任这项工作。拉里·利维发现了丹尼诗·加夫尼具有重组员工技能的能力，认为她将成为利维集团未来成功的组成部分，于是她成为他的合伙人。

“有一个叫丹尼诗·加夫尼的高管，她代表‘华丽一英里大楼’的公寓单元购房者负责装修公寓的工作。自从我决定不再起建高层公寓楼后，我调她去负责‘天空包厢’和会员席位的管理工作。她很感激能拥有这个新机遇，而我也很幸运能拥有她这个得力的助手。由于我们发现体育建筑专家对餐饮服务一概不知（他们只知道喝啤酒和吃热狗），于是，她肩负起所有工作，包括指定所用的设备，想方设法为公司节约开支。”

“不管什么事情，丹尼诗·加夫尼总能找到制胜之道。她没上过大学，所以她持有一种‘我要证明给别人看我行’的心态。自然而然地，她真正变成了一个能提高体育场所餐饮服务和效率的专家。同时，她也成了这个行业无所不精通的专家。后来，她完成了50个项目，在公司担任高级副总裁。在我决定不再建造住宅物业后，她得决定是否会继续留在公司。”

“我们喜欢彼此，而她对我也很信任。我们采用的一个策略是：只要签订合同，那就是必须获得最少1000万美元、最高2500万美元的销售额。（顺便说一下，在体育场的生意上，我们还从未亏损过，而其他饭店我们却亏损了。）”

“我们策略的关键变成了丹尼诗·加夫尼提供免费的咨询服务。我们会说：‘免费的。你为何不看看丹尼诗·加夫尼能帮到你什么，或者和你的建筑师一起想办法?’于是，在项目启动的3年前，我们已经开始在筹备了。在竞标开始前，没有任何人具备丹尼诗·加夫尼带给我们的那种优势。”

“她让我们明白了房地产行业以及收益流的重要性。不久，捷报传来：我们的人均销售额是其他同行的2倍。”

“现在说说‘天空包厢’。我们前面的经历为我们提供了宝贵的数据，因而我们能够保证收入额，我们就是这样开启成功之旅的。”

拉里·利维所说的重点是，利维饭店的人不再需要通过割让一大部分食物销售额给球场老板来获得竞标。由于他们能够更准确地预估销售额，他们可以在向球场老板承诺最低销售额而不会给利维饭店带来很大的风险。作为一个房地产经纪人，拉里·利维知道，球场老板可以利用最低营业额保证来进行担保，这有助于球馆融资，因此，那些老板乐意放弃较高的营业额分成。

“这样一来，丹尼诗·加夫尼变成了一个非常有价值的资产。因为她，我们帮球馆老板节省了200万~400万美元。结果，我们获得了这些合约。更重要的一点是，别的饭店在生意很好的时候才能达到300万美元的营业额，而我们在获得洛杉矶国王队主场斯台普斯中心的合约后，在1998年，也就是合约的第一年，仅仅在‘天空包厢’和会员席位上就实现了2500万美元的销售额。就这样，那时候的我们风光极了。后来，我们的销售额一度飙升至1亿美元，甚至2亿美元。”

成功的原因就是，利维饭店找到了改变它的房地产技能并将其应用到餐饮生意上的方法。它循序渐进地实现了自我改变，没有大跃进，它的改变是一步步完成的。

利维饭店的人将他们的饭店技能磨炼成了承办餐饮服务的

技能，他们把自己的选址和营销技能搁置在一边，转而利用房地产开发技能以满足球馆开发商的需求。他们仅仅是把拥有的技能重新组合并稍作改动，结果却是极大地改善了自己的生意。

---

## 两面讨好抑或集中突破

我们每一个人，包括我自己，都会告诉企业家要把精力集中于他们的主业上。“扬长避短”是人们常说的一句话。很多年前，喜剧大师乔纳森·温特斯为他熟悉的人物——世界上最古老的航空公司和壁板公司的创始人莫德·佛里克特创作了一个保留节目，嘲笑航空公司不能把重心放在主业上，导致主次不分，业绩日益衰退。不过，这次的情况不同，拉里·利维扩展了他的业务，同时融合了他的两个商业兴趣：房地产和饭店。恰恰因为他在两个领域都拥有专业知识，所以他是应对“天空包厢”餐饮服务挑战的最佳人选。

---

同样重要的是，拉里·利维认识到，如果在改变他生意的同时能够改变他的核心员工——丹尼诗·加夫尼，他一样会受益匪浅。在公寓项目结束后放走她固然简单。但是，拉里·利维没有这么做，他看到了她身上的宝贵技能，明白如果留住她，只需对她的技能组合稍作改动，她便会成为对利维饭店转型后的生意帮助巨大的好帮手。

公司赚了很多钱，但是拉里·利维却身无分文，其中的主要原因在于，为了解决分歧，他买断了他兄弟在公司的股份。尽管这在当时存在很大的风险，但是却让拉里·利维能够依据他的远见来建设公司。坏处就是拉里·利维动用了一大笔资金来买断他兄弟马克的股份，并因此要偿还债务。这让拉里·利维成为一位拥有一家盈利颇丰、高速增长的公司却一文不名的老板。另外，发展中的企业需要资金来保持增长，这导致了拉里·利维没有多余的资金可给球场老板分红。于是，他卖掉了公司的一半股份套现，并让所有投资者退出来。卖掉半个公司的另一个原因在于当时每一种体育运动都在罢工，棒球罢了两次后，劳资双方正在签订协议，曲棍球由于罢工已经错失了一个赛季，篮球罢工了两次，而足球（包括替补球员在内）也在罢工。

在卖掉半个公司后，拉里·利维对罢工之外的其他事情都感到很得意：“我做了当时堪称革命性的事情。在我的安排下，管理团队都在公司的升值中分得了一杯羹。在卖掉公司的一半股份时，股份的价格远远超出我们告诉他们的价值。我最自豪的一件事就是，在我卖掉公司时，丹尼诗·加夫尼也得以从中致富。”

## 改变并非一生的保障

你应该还记得，拉里·利维把他母亲伊迪·利维从圣路易斯带来当活的菜谱，为他们位于水塔大厦的濒临倒闭的第一间熟食店卡普兰饭店做菜。仅仅在几周的时间里，她就把卡普兰饭店的生意扭转过来，随后积极参与了饭店的经营管理。随着他们在水塔大厦另外 4 家饭店的开业，她又是提供菜谱，又是现场指挥，甚至以女主人的身份进行管理，忙得不可开交。当时的西尔斯大厦上有一张真人大小的纸板雕像，上面是伊迪·利维招待顾客的情景，而人们会真的停下来与雕像合照。伊迪·利维和厨房员工一起为格莱美颁奖典礼、美网公开赛和超级碗等活动提供餐饮服务。她成为深受利维饭店众多员工喜爱的人，她在利维饭店一直工作到逝世前不久。那一年是 2013

年，她享年92岁。我想，拉里·利维也猜不到把她请到芝加哥帮忙会带来这么好的效果——这促成了卡普兰饭店当时所需要的改变。

不过，并非一切都进行得那么顺利。拉里·利维说："我们一直很低调，想避开大公司的关注，但显然不可能。他们提出将以前分开签订的两份协议——一份供应食品，一份供应热狗合并给一家公司做。"

"我们说：'我们赞同。'然后，我们和其他公司一起参与了竞标，但是输了，输在了我们的懒惰上。我们简单地以为，我们只需供应好的食品，竞标时就会胜出。因此，在输掉竞标的那个时刻，我们告诉自己：'我们要把他们的生意抢走。'后来，在我们的努力下，我们拿下了洛杉矶道奇队、斯台普斯中心（斯台普斯中心如今的销售额高达7500万美元）和芝加哥小熊队的一般优惠票席位的餐饮供应权（在'天空包厢'，我们的销售额从200万美元做到了现在的4800万美元）。"

拉里·利维没有简单地无视反对者的声音。它认识到，他们的声音实际上是一个信号：它们没有认真对待问题，也没有了解让一个新竞争者入局的后果。行业内的反对者都是大公司，它们认为拉里·利维并不能构成威胁，最多只是一个讨厌鬼。因此，它们留出了一个足够大的通道，让一辆食物加热货车可以直驱而入，而拉里·利维恰恰就抓住了这个机会。

---

## 与敌共眠并非激情所致

汤姆·斯坦伯格的逻辑与拉里·利维的逻辑不谋而合。正是它引导拉里·利维去倾听反对者杰里·莱因斯多夫的意见，当然这是在他的高管陈述了他们的理由之后。

---

取得成功后的拉里·利维没有停止改变的步伐，他再次进行了改变。他与儿子以及继子一起创立的新公司——利维并购公司成功上市了，融资 1.5 亿美元用以收购其他公司。拉里·利维不仅改变了自己，他还改变了经营家族企业的家人。

## 相信运气，但不要依赖它

请记住我对学生说的话：“我坚定地相信运气，我只是不想去依赖它。”通常，我接着会给我的学生讲一个私人的故事。

我的一个叔叔在美国南方一个规模很小的小镇上开了6间连锁店。1940年，他购入了很多货物放在仓库里。问题在于他没有资金来将库存的货物拆分卖出去。他尝试去银行贷款但失败了，因为当时还处于大萧条时期。有一天，两个穿着西装、戴着帽子、系着领带的男人走入了其中一间店找到我的叔叔。他们出示了证件，上面显示他们来自联邦政府，说他们想谈一谈他仓库里的货物。即便我叔叔是美国人，也参加过第一次世界大战，他的欧洲背景仍旧使他担心这两个联邦政府的人会把他送进负债人的监狱。最后，这两人沉默了，问我叔叔对库存的货物如何开价。我叔叔不动声色地说出了他能说出的最高价钱，显然，他的开价并不高，因为他们马上说他们会买下来。后来发现，原来库存品都是靴子和雨衣。联邦政府想买下来，给美国部队在第二次世界大战中使用。为此，我叔叔的生意得救了。确实，他未来的退休生活有保障了。要知道，2 天前他还觉得他会破产甚至会坐牢。

所以说，我相信运气。但是，当它出现时，你要有能力去发现它、抓住它并将它转化为有用的东西，就像我叔叔那样；或者，你接受运气并跟着奔跑，就像拉里·利维那样；又或者你坚持到底，就像吉尔·曼德尔吉斯那样。你可以相信运气，但是不要去依赖它。

---

## 知道什么要改变，什么不能改变

当好市多创始人吉姆·西内格还在圣迭戈初级学院读大二时，他就被 Fed Mart（即后来著名的普莱斯会员店）聘请在圣诞节期间工作。吉姆·西内格很骄傲地回忆说，他当时的工资是“1. 25 美元每小时”。他在这个公司工作了 23 年，薪资当然不再是 1. 25 美元每小时了。

在为同一个老板工作期间，吉姆·西内格依靠努力一步一步地从公司底层向上爬升，他的开始并非一帆风顺的。“我搬运过床垫，把它们捆绑到车顶上；我在仓库装过货；我在店里卖过家具；随后当了采购员，不断承担越来越大的责任。”吉姆·西内格最后成为执行副总裁，公司的第二号人物。

如果你了解吉姆·西内格最后获得的成功和地位，你可能会产生两个疑问：①他的晋升看似注定的或者说自然而然的。（吉姆·西内格每接受一个新职责，就好像他说的那样：“后来回头看时，我在想，天哪，我当时在面对这些事情时真的是手忙脚乱啊。”每一次变动都是吉姆·西内格的一次自我改变，而他欣然接受了，因为在他看来，这是“令人愉快的经历”。）②他在普莱斯会员店工作的年限解释不通。他为什么不早点离开？要回答这个问题，你必须了解吉姆·西内格对索尔·普莱斯（普莱斯会员店的创始人）的感情。

吉姆·西内格把他的成功归因于他一生的导师、普莱斯会员店的创始人索尔·普莱斯。他称之为“我所见过的最聪明的人，他教会了我所知道的一切”。吉姆·西内格认为，索尔·普莱斯让他得以提升和完善他的技能，进而迎接下一次晋升的新挑战。作为吉姆·西内格的老板，索尔·普莱斯不仅允许而且要求吉姆·西内格花时间来思考问题，后来证明了这是一个非常宝贵的经验。正如吉姆·西内格所说的："你不能走进球场，然后派所有人出去发长传球，你得有个计划。"

在与吉姆·西内格的交谈中，我能感觉到他对索尔·普莱斯的尊敬和深深的崇拜，吉姆·西内格看似是完全依靠索尔·普莱斯才成功的。吉姆·西内格也认为，没有索尔·普莱斯，他的每一次改变都不可能发生。事实上，吉姆·西内格聪明、勤奋、一点就通。他对自己有信心，但却没有信心能到达索尔·普莱斯所到达的高度（他从不觉得他比索尔·普莱斯聪明）。

但是，如果他认为自己依靠索尔·普莱斯才能获得成功，他如何能够离开普莱斯会员店并独自创业呢？这是因为，他相信自己已从索尔·普莱斯身上学到了领导才能，可以吸引 5 ~ 6 个关键人物过来一起创业。

就这样，吉姆·西内格在 1979 年从普莱斯会员店辞职，计划独自创业。然而，由于在卡特政府任期内利率奇高，他无法筹到所需的资金，因此他精心制订的计划泡汤了。为了养家糊口，吉姆·西内格不得不工作，于是他决定当一个为零售商寻找货源的中间商，这与吉姆·西内格以前做过的工作完全不同。幸好他一直善于观察别人的做事方式，边学边做。离开普莱斯会员店这个温室转而当一个中间商，他曾经对此感到惶恐。在一个全新的领域创业从来都不容易，不过，通过观察其他中间商，吉姆·西内格运用自己的技能，开始走上正路了。

后来，吉姆·西内格成为了一个非常成功的中间商，这是因为他比其他很多人都更努力和更有创意，他比在索尔·普莱斯会员店当第二号人物时赚了更多的钱。但是，他知道这不是他想做的事情。因此，在适当的时机出现时，即使收入锐减，他依然义无反顾地创立了好市多。

## 时刻做好准备

吉姆·西内格说，存有积蓄、生活节俭、勇于接受收入减少是他能够创立好市多的原因。

在《企业家不是天生的》一书中，我告诉过大家关于已故的乔·苏利文的故事，这是一个成功的企业家和亲力亲为的伟大慈善家。他告诉我他的座驾是一辆开了7年的旧沃尔沃汽车，他以此作为节俭的象征，这让他能够抓住创业的机遇。在这本书出版后，乔·苏利文诚意地请我吃饭庆祝。在我们刚刚入座时，他说了一句任何一个作家都不想听到的话：“谢洛德，你的书里有个地方错了。”然后他接着说：“你说我开的是一辆使用了7年的旧沃尔沃汽车，但是现在这辆车已经开了10年了。”通过这个故事，你可以知道这本书的酝酿期有多长，它也显示了乔·苏利文是一个多么严谨的人。正是这份严谨，让他抓住了一个极好的机会，和山姆·泽尔一起收购了肥高洛。当然，吉姆·西内格为人也是非常严谨的。

---

吉姆·西内格表示，创立好市多意味着要与“我所见过的最聪明的人，教会了我所知道的一切”的人竞争。他认为他可以做到，原因很简单——他能找到并吸引一些“真正得力的帮手”。

正如创业者在融资前通常采用的做法一样，吉姆·西内格及其团队准备了一份商业计划书。他们预计，他们会“最终扩展至10个好市多店，实现1亿美元的销售额”。毫无疑问，吉姆·西内格是一名好商人，但不是一个好的商业预测员。如今，好市多在10多个国家拥有大约650个店面，销售额超过1000亿美元。好市多的市值（即全部股份的总值）超过500亿美元。一路走来，这家公司实现了几次转变，每一次都以不同的形式完成。

人人都喜欢在好市多购物，不论你喜欢的是大宗购物还是试吃样品，你都可以在这里体验到购物带来的快乐。喜欢农产品、肉类、海鲜和烘焙食品的那些人则对这里十年如一日的稳定品质赞不绝口。他们说："这里的品质一直特别棒。"好市多最初并不卖这些东西，而今天，这些产品在好市多所有的产品中占了相当大的比例。这就是好市多的改变。那么，是什么促使它进行改变的呢？为何吉姆·西内格愿意去冒这个险呢？

虽然好市多在开前3家店时一帆风顺，但是，吉姆·西内格说，在开第4家店时"我们完全失败了"。他们甚至不得不关闭了2家店。吉姆·西内格认为，应接受现实，明白"并非所有事情都会一击即中，所以你最好在扩展生意时准备好面对挫折"。他知道，他必须找到如何应对不同市场的方法。

大约在同一时间里，吉姆·西内格发现了他的老东家普莱斯会员店也经历了一些挫败。这是一个机会。（"必要"和"机会"两个词一起教会了吉姆·西内格一个道理：在新市场里，品牌认知度是成功的必要条件。）

明白这一点后，你可能觉得吉姆·西内格会利用普莱斯会员店的错误来缩小好市多及普莱斯会员店之间的差距。不过，吉姆·西内格并不这么认为。他不会把普莱斯会员店的挫败视为好市多追赶它的机会。请记住，在吉姆·西内格的心中，普莱斯会员店并不仅仅是一个竞争者，它是一个由“世界上最聪明的人”经营的公司。除非有铁一般的事实摆在面前，否则吉姆·西内格不会押注在索尔·普莱斯的犯错上。然而，从普莱斯会员店传来的消息是它把失败归咎于其商业模式过时了。吉姆·西内格则认为：他必须改变好市多，至少要时不时做出部分的改变，要不然他的门店会像普莱斯会员店一样变得毫无吸引力。于是，他决定定期增加新品种。

在这些年里，吉姆·西内格增加了新鲜的肉类和海鲜、烘焙食品、农产品以及加油站、眼镜店和药店。他不断提醒自己和同事，“这里没有养老金，你要不断地增加全新的令人兴奋的东西进来，不然，你就会变得无趣而最终被淘汰。”

## 要改变，就“不要做小规划”

这句话是丹尼尔·伯纳姆说的，他于1892年准备通过建设世界博览会改变芝加哥当时荒芜的南边湖畔地区，这与吉姆·西内格改变好市多的想法相似，吉姆·西内格欣然增加了食品、燃油和药品，改变了店面的1/3，可算是一次重大的革新。他对好市多的改变进行得“很早且很频繁”。不过，他保留了企业的价值观，即一个反复出现的主题：零售即娱乐，这与星巴克、熊宝宝和利维集团的主题相同。

---

起初，我发现这与好市多商业计划书中的基本原则不一致，即不会存有超过约4000种产品，每种产品通过包装来更大量地进行出售。如今，好市多在每个部门都引进了更多的产品，一份牛排或一个西式馅饼与一捆十几卷的厕纸当然是不可相提并论的。

吉姆·西内格解释说：“我们不会像肉铺一样一次只卖1

份纽约牛排，我们会一次卖 4～5 份纽约牛排。”

“但是，我们还是想把库存品种保持在 4000 个的范围以内。我们可以轻易地在现有的部门中停止其中 50 个产品的上架来引进肉店，烘焙食品也是同样的道理。”

这带来了立竿见影的效果，这些新部门的设立吸引了新会员的加入。事实上，消费者每花 1 美元在新鲜食物上，就会花 2 美元在其他商品上。

吉姆·西内格说：“哇！不用说，这么做的结果很好。”于是，好市多在其所有仓储式商店中都设立了新鲜食品部门。这就是我所说的“专心一意，灵活变通”。

吉姆·西内格说，这教会了他一点：这些部门——新鲜食品、药品，诸如此类的增加，“提升了我们顾客的购物体验。这改变你的认知。我是指，在那一刻，你确实获得了重生”。

同时，他有两点发现，也请你谨记：①调动或改变不必全身动刀。②不要改变根本的东西。包装效率和库存品种没有改变；理所当然的，品质还是一如既往的无条件保证。

当然，好市多利用了高层管理以往在其他公司的工作经验，他们都有过新鲜肉类、烘焙食品等的销售经历。此外，在必要时，这些经理们会找来拥有他们所缺乏的技能的新员工，但是总体上，并没有很多技能是不同的或者需要新增的，只要局部地改变好市多，在其现有的经营中添加新的改变即可。

对于吉姆·西内格来说，好市多只有几条基本原则是必须坚守的。其中一条是固定不变的毛利率，这意味着顾客知道他们获得的是最低的价格。

如果你了解吉姆·西内格对建立和维持一个品牌的重要性的认识，或许你会更好地理解我所说的吉姆·西内格的“专心一意，灵活变通”。请记住，品牌并不只是一个公司或产品的名字、标志和设计。

吉姆·西内格有一个新闻广播的视频剪辑，内容是一位记者问坐在车里排队加油的男子：“你为什么在这里？”“我在这里加油。”该男子如是回答。“是不是任何人都可以在这里加油？”“不是。”该男子回复说，“你得是好市多会员才可以。”“那么，你为什么来这里加油？”该男子又回答：“因为这里的汽油便宜。”最后的问题是：“这里的汽油多少钱一升？”这位好市多会员有点难为情地回答：“我不知道。”吉姆·西内格说，这个时候，你就可以知道你拥有的是一个有价值的品牌。

吉姆·西内格在我的“成功创业”课程上与我的学生分享过下面的故事。好市多出售一种在沃尔格林和 CVS 药店标价约300美元的药品。相同的药品，好市多仅标价15美元。我的一个学生问为何好市多不标价115美元，额外赚取100美元，这样依然可以打败竞争者。吉姆·西内格解释说，好市多对它的商品永远只赚取相同比例的利润，如此一来，如果产品成本降低了，那么节约下来的钱将回馈给顾客。就是因为坚持这个原则，好市多才一直受到顾客的信任。

这就是让一个好市多顾客排队加油的原因，因为他知道会省钱，即使他并不知道汽油的收费是多少。

这两个例子展示了好市多是如何维持其品牌的，它可以大幅改变产品线，进而改变其业务模式，然而，通过保留一些简单的原则和价值观，却让它在顺利添加新产品线的同时，依然保持着成功创建的品牌效应。

---

## 要成功改变，必须获得顾客的信任

为了坚守让顾客从成本降低中受益的承诺，吉姆·西内格不仅牺牲了一部分收入，还给他自己和员工增加了大量的额外工作，这个做法让他几次成功地改变了他的企业。而出于对好市多的信任，顾客欣然地接受了这些改变。

---

有时候，为了改变，必须学习一项新业务。吉姆·西内格最引以为傲的一件事就是，好市多在每家商店的出口处都设有快餐柜台，那里的“热狗+可乐”套餐仅售1.5美元，而且从未提过价。顾客不知道的是，为了做到这一点，好市多不得不停止外购热狗，而建立了自己的工厂来生产热狗。就这样，为了保持“热狗+可乐”套餐的价格不变，好市多必须把自己从一个单纯的零售商转变为既是零售商又是制造商。有人问：“你这么做有利可图吗？”“哦……”吉姆·西内格说，“他们卖热狗依然有钱赚。”如果你对这个答复不满意，请看下面这个故事。吉姆·西内格告诉我，当他在2012年宣布退休时，巴拉克·侯赛因·奥巴马总统致电来祝贺他的光荣退休。

你可能还记得，吉姆·西内格曾在2012年民主党全国代表大会上致辞，为奥巴马总统竞选连任背书。在闲聊几分钟后，总统说：“吉姆·西内格，请你告诉我一件事。你的退休是不是意味着热狗的价格要上涨了？”当然，答案是否定的。

## 有时候，改变的目的是保持不变

吉姆·西内格把好市多从零售商转变成了热狗的零售商兼制造商，不过，这一次改变却是为了保持不变，而非求新。他改变是为了保持“热狗+可乐”套餐的价格不变，该套餐不仅讨美国总统喜欢，更是绝大部分顾客的必选项。

随着时间的流逝，吉姆·西内格对公司进行的改变感到愈加自信。然而，他在早期是如何树立信心去做出改变的呢？你可能会想，这应该起源于他作为零售商的丰富经历。

事实上，吉姆·西内格会把这种想法视为狂妄自大的表现，即这样的心态：“我们做得这么好，我们想怎么做就怎么做。”他说，这不是他的风格。相反，对于新概念，他总是先在好市多的1~2家商店进行测试。然后，如果可行，而且好市多团队对此有信心的话，他们再在所有商店展开实施。

在引进新产品线后，好市多的改变并没有因此而停止。就如吉姆·西内格所说的一样："推出自有品牌产品是改变的真正开始。"这次改变有几大优势：①与采购同等品质的产品相比，自己生产的成本更低；②能够引进品质更好的产品，比如自养的金枪鱼比一直溢价的从供应商处购买的罐装金枪鱼好上几倍；③有与供应商讨价还价的底气。（吉姆·西内格说："通用磨坊很聪明，了解到我们只存有 4000 种类的产品。如果自由品牌的产品上架，则其他产品将会下架，他们要确保下架的不是他们的产品。因此，通用磨坊会变得更加好打交道，它会主动下调价格或至少保持价格不变，采用更大的包装，保证按时交货。"）

有些人可能会说，好市多最大的改变发生在 2012 年 12 月 31 日，好市多的创始人吉姆·西内格从首席执行官位置上退休。他谈及这件事对他个人的影响时很坦白："当冠军很好，但不是很多人会记得之前的冠军。你不在这个位置上了，那就没人会记得你了，人走茶凉，你必须要成熟地面对这一点。不过，这个时刻总会到来，在企业经营得好的时候离开更好。"

无疑，好市多的改变没有兴师动众。他亲手挑选的继位者是与他长期共事的格雷格·杰利内克，后者请求吉姆·西内格留在董事会，随时向他提供指导，他们两人似乎实现了权力的无缝交接。

再一次，我们看到了以连续性为目标的重大改变。我打赌，假如第一夫人同意，奥巴马总统在很长一段时间内将可以在好市多买到物美价廉的“热狗+可乐”套餐。

## 系列创业，扶摇直上

从定义上来讲，一位系列创业家一般指在一段较长的时间内开启了二次或更多次创业的人。毫无疑问，约翰·奥舍符合这个定义，实际上，他是一个极端的例子。约翰·奥舍现在 60 多岁，但他在上一年级前就开始了他的系列创业之旅。

在他 5 岁时，他的父母参加了一个艺术班，在课堂上画裸体模特的素描画。为了保护他们的孩子和避免惊扰到邻居，他们把素描画隐藏在阁楼里。不过，约翰·奥舍很快就发现了它们。

他本能地意识到，这些画不仅可以满足他的好奇心，还能起到更大的作用。因为，如果他好奇，那么，他的幼儿朋友们一样会好奇。于是，他向每人收取 5 美分，然后让他们上阁楼看这些素描画。这里 5 美分，那里 5 美分，很快约翰·奥舍就比他的同龄人有钱了。

19 岁时，他在威斯康星大学读大一。“这是一所时尚的学校。”约翰·奥舍说，“正在掀起各种潮流。”他注意到，学校的女生都穿耳洞和戴耳环。

当他在 1967 年转学至辛辛那提大学时，穿耳洞才刚刚在这所学校兴起。他觉得，这很快就会流行起来。于是，他决定做耳环生意。不过，他需要资金。他父亲不相信他会成功，所以拒绝支持他。最后，他只得把希望寄托于他母亲身上，后者投资了 1000 美元。她陪同约翰·奥舍一起去纽约采购，他们拜访了众多的耳环批发商——全都位于租金更低的二楼，并以 19 美分一对的价格买了很多适合配衬服装及饰品的耳环。

回到学校后，约翰·奥舍找到一个很小的旧擦鞋摊位，在这里开了一个耳环店。由于店面很小，他的库存显得比实际多。他把耳环挂在墙上，底下垫着黑天鹅绒布，耳环看起来漂亮极了。店租很便宜。约翰·奥舍以 4.99 美元一对的价格卖出成本仅为 19 美分一对的耳环。利润高达 96%，这以任何标准衡量都是极其可观的。当然，它比约翰·奥舍第一笔生意的利润还是低了 4% 。(由于观看素描画生意是零成本的，所以他的利润为 100% 。)

约翰·奥舍回忆说，在相隔几家店的地方有一间克瑞斯吉店（当时超大的全国连锁店)。相同的耳环，它仅售 39 美分一对，显然这更符合常规的标价。有些人可能会倾向于把 4. 99 美元的价格降低到接近克瑞斯吉店的价格，但是约翰·奥舍不这么做，因为他的耳环卖得飞快，而克瑞斯吉店的耳环却无人问津。

在与顾客交谈时，约翰·奥舍发现她们不敢买“便宜的”的耳环，担心劣质的材料可能会感染他们的耳垂。

其实不然，当时的贵金属很便宜，所有耳环都是镀金的。约翰·奥舍卖得如此好，以至他以克瑞斯吉店的全价买下了它的全部库存，转而在他又脏又小的店面里以 4. 99 美元的价格卖出。在看到克瑞斯吉店没能卖出和他一样的耳环时，约翰·奥舍也曾经害怕过。但是，在驱走这份恐惧感后，他看到了购买克瑞斯吉店库存的机会。后来，他及时地转手了这份生意，在拿到这笔钱款后，他去国外旅行了一趟，并买了一辆梦寐以求的名爵跑车，开着车得意扬扬地到处转。在转学到波士顿大学后，他又开始寻求新的创业机会。

他搬到了“豆城”波士顿来攻读他的学位。很快，他在坎布里奇市附近的哈佛广场开了一家古董礼服店，那是20世纪60年代，当时芭芭拉·史翠珊掀起了一股古装流行风。

约翰·奥舍说：“那些都是天鹅绒礼服，我是说所有这些好东西都来自20世纪20年代和30年代。”他在老旧的仓库里发现了那些礼服，没有人认识到它们的价值。“你不能就这么把它们扔掉。”他说，“这些东西每件都花了我30～40美分，而我可以以59美元一件的价格卖出去，你知道我从来没有在这种库存货上亏过钱。你卖出一件礼服，那么你就可以收回一货车的钱。”这又是一次极其成功的创业之举。

后来，约翰·奥舍不再获得过如此非同寻常的经营利润，但是，他作为一位企业家继续成长。离开学校后，约翰·奥舍进入了家庭式空气循环行业。在20世纪70年代，约翰·奥舍的公司Conserve Inc. 由于产品为家家户户节约了燃气，表现十分出色，因此被《*Inc.*》杂志列为“全国增长最快的企业”之一。

需要指出的是，一家公司，如果其现有销售额是250万美元，那么它可能在一年内增长100%，达到500万美元。但显然，一家拥有25亿美元销售额的公司要在一年内翻一番是极其困难的。

离开 Conserve Inc. 后，约翰·奥舍转向一个新领域——婴幼儿用品，推出一款名为“匍匐空间”的产品，即一个可随身携带的空间，婴幼儿在监管不足的情况下可以在其中安全地走动，不用担心婴幼儿在危险的家庭环境（比如厨房）中受到伤害。

从家庭式空气循环行业转到婴幼儿用品行业可能看起来跨度很大，其实，约翰·奥舍在家庭式空气循环行业培养的技能在经过改进后，在婴幼儿用品行业中发挥了巨大的作用。例如，之前他会在空气循环设备的外箱上贴一张里面物品的照片，这样，人们在通过装着货物的拥挤的货架通道时看一眼就可以知道里面的产品。如今，他在“匍匐空间”产品上做了类似的事情，这有助于他提高销售量。

不久后，他开发出了彩虹玩具棒，即将玩具挂在一根棒上面，这是约翰·奥舍非常得意的设计之一。

彩虹玩具棒悬挂在婴儿床之上。很快，这款产品就成为玩具反斗城最为畅销的产品。后来，约翰·奥舍把公司卖给了格伯，作为交易的一部分，格伯聘请了他，但却让他闲坐在办公室里，格伯此举真是失败。然而，这个概念如此成功，以至于费雪玩具公司以及别的公司都卖出了大量的仿制品。格伯没能利用好既有资源来推广该产品，导致了模仿者吃掉了它的市场份额和利润。

有些企业家不能接受由职业经理人负责执行他们的创意，那就像把一辆珍藏的老车借给一个不会爱护车的朋友。不过，在约翰·奥舍的例子里，他从没有借车，对方也不是朋友。他把这笔生意卖给了陌生人，不再有任何利益关系或附有任何情感因素。他只是在厌恶中离开，去寻求新的创意。

---

## 卖掉企业不是你最新的决定，而是你的下一步的前奏

丹尼尔·卡内曼教授是唯一一个获得诺贝尔经济学奖的非经济学家，他利用创新的实验证明了人们会为了验证他们的最新决定而走极端。约翰·奥舍克服了这种欲望，并没有计较买方会如何对待他的“孩子”。相反，对“孩子”的舍弃让他能自由地去继续寻找他的下一个机会。

---

约翰·奥舍的新方向与年纪稍大的孩子有关，他开发了一种拱廊篮球，篮筐可以挂在任何一扇门的上面。很快，约翰·

奥舍又一次在玩具行业中混得风生水起。弹力超人阿姆斯特朗是一个矮小强壮的玩具人，它可以从几英寸（1 英寸 =2. 54 厘米）伸展至 5 英尺（1 英尺 =0. 3048 米）长。充满想象力的约翰·奥舍想到了创可贴，这就是典型的“奥式风格”。如果一个小孩在玩伸缩弹力超人阿姆斯特朗时撕烂了玩具，那么可以用创可贴修补好。弹力超人给企业的销售带来了强劲的增长，约翰·奥舍的玩具公司后来销售额达到 1. 25 亿美元。

## 旋转中的改变

在成功创业的道路上，约翰·奥舍遇到了一位发明者，后者给他看了可以在一个人的嘴里旋转的棒棒糖装置，这是一个糟糕的尝试。不过，约翰·奥舍自己总是旋转嘴里的棒棒糖——用手转动棒棒糖的棍子，而且，他看过其他小孩也在这么做。

于是，约翰·奥舍让他的玩具师傅来改进这个笨拙的旋转棒棒糖装置。他们利用约翰·奥舍在其他玩具上获得的技能，把这个装置改成了流线型的。在改良后，它就变成了旋转棒棒糖。在公司被卖给孩子宝公司（世界上最大的玩具制造商之一）之前，约翰·奥舍已卖出超过 1 亿支的旋转棒棒糖。

约翰·奥舍知道，他的团队成员拥有特殊的技能，通过改良这些技能，他们就能够改变他的公司。于是，约翰·奥舍决定，他们现在应该进一步改进和补充这些技能，以便在一个完全不同的行业里实现自我改变。约翰·奥舍想创造一支价格低廉的一次性电动牙刷。当时，市场上已有电动牙刷了，但是价格高昂，标价超过100美元。

与之相反的是，手动牙刷非常便宜，是牙医办公室的赠品。（多年来，牙医都赠送棒棒糖，这让他们看起来好像想要增加蛀牙病例。）约翰·奥舍相信，成功制成了旋转棒棒糖的团队一定能够创造出旋转牙刷，当然，电池寿命要长一点，而且刷牙方式要符合牙齿卫生标准。

约翰·奥舍的市场调研没有团队小组，甚至缺少预算。它只包括了在几个当地的药店考察已经在出售的电动牙刷以及货架上卖得好的产品如何包装。紧接着，他与在大型连锁店工作的朋友交谈了几次，确定了哪种牙刷卖得好，哪种卖得不好，就这么简单。

我所认识的很多成功创业家对正式的市场调研感到很不耐烦，并且不想付钱来做这样的事情。这些行家更喜欢跟着他们的直觉走。有些时候，他们的直觉体现的是在一个特定领域里沉浸多年的经验。还有些时候，他们会提出与其他领域有关的有价值的问题，然后直接把得到的答案应用到他们的新产品上。有人在我的课堂上抱怨说，在 MBA 毕业生进来公司后，他们喜欢搜集一大堆的数据和做大量的分析，而这些只有像宝洁这样的大公司才能用得着。创业家更为内行，而且行动很快。他们就像快艇，虽没有航空母舰大，但靠机动性取胜。

---

## 改变你的投资者

假如约翰·奥舍接受了机构投资者的投资，他就不可能在给一次性电动牙刷定价时做出看似轻率的决定。

---

从一般意义上来说，约翰·奥舍对低价实用的电动牙刷的追求是成功的，研发出来的产品就叫作“约翰医生旋转牙刷”。约翰·奥舍不是一名医生，他也没在电视上扮演过医生。巧合的是，这个团队几乎所有的主要工程师都和奥舍一样叫作约翰。约翰医生旋转牙刷面世后立即取得了成功，在以超过 5 亿美元的高价卖给宝洁公司后，该产品改名为“佳洁士旋

转牙刷”。随后，它被转卖给了杜威公司，如今叫作“艾禾美旋转牙刷”。

从家庭式空气循环设备到婴幼儿用品，到食用棒棒糖，再到牙科产品，每一次改变都看似巨大的跳跃。然而事实上，它们都是循序渐进的系列改变，围绕着一个轴心细微地旋转。

在这次大获全胜之后，约翰·奥舍继续寻找创业的好机会，也做了几次新的尝试：廉价的电动剃须刀、发光的狗链和新闻传播等等。我相信他会再次改变。虽然我不知道他的下一个壮举将是什么，但是我敢打赌，他未来的一些新生意将会基于其团队现有的技能，仅需要对它们稍为改进，并增加新项目所需的一些新技能即可。

---

## 改变你视线的过滤网

对于一个善于捕捉商机的人来说，有太多的机会会进入他的视线。约翰·奥舍在他的视线外增加了一层过滤网。这样一来，进入他视线之内的只会是那种所需技能在一定程度上与他已经具备的技能相似的机会。例如，他在开发匍匐空间时培养的技能轻易地用到彩虹玩具棒上，进而用到相关的产品上，包括旋转棒棒糖。在旋转棒棒糖之后，一种旋转的牙刷又走进了他的视线。

## 改变中的创业家

你不必像约翰·奥舍一样频繁地改变，他这么做，是因为他知道自己的能力所在。毫无疑问，他就是一个改变中的创业家。他已掌握了改变自己及其团队技能的艺术，仅稍作改动便可缩短跳跃的距离。由于他是一个改变中的创业家，他学会了几乎不间断地跳跃，仿佛他的脚从未离开过跳绳。

你只需改变一次，使用在工作中学到的一些技能，改进和完善它们即可。换言之，你不必彻底地改变你自己或者企业，你也不必像一个改变中的创业家一样反复地这么做。

# 第三部分

# 行业的领导者：别只会哗众取宠，来点实际的

# 第5章

# 成熟不是借口：要么改变，要么衰退

本书的第一部分和第二部分讲的是个人的改变：面对来自反对者的不同意见的压力，成功的人总会调整自身的技能组合，实现了从员工到创业者的转变。本书的第三部分讲述的是行业地位稳固的企业甚至是超大型公司的案例，以此证明改变在任何阶段都是必需而且关键的。

## 创造性毁灭是企业的基因：生存来之不易

美籍奥地利经济学家约瑟夫·熊彼特写了《资本主义、社会主义与民主》一书，该书于1942年出版，比比尔·盖茨的出生日期还早了 15 年。约瑟夫·熊彼特使用了“创造性毁灭”一词来描述“产业变异的过程，即不断从内在改革经济结构，不断地毁灭旧产业，并创造新产业”。他深入地对此进行论述并称之为“资本主义的本质”。

市场上占主导地位的公司很少通过申请专利来规避竞争，它们大多数是被新晋对手以更有创造性的创意击败的。约瑟夫·熊彼特的理论说的并不是得到特许的毁灭，而是创造性毁灭。

历史上有很多著名的公司因为判断错误而衰退的例子——西尔斯百货、鲍德斯书店、摩托罗拉等，甚至还出现过整个产业衰退的现象，比如马鞭制造商、无声电影制作公司、黑白电视制造商、铁路部门和电视网络运营商等。

柯达不仅仅是一个创造性毁灭的例子，它同时还是一个商业判断严重失误的案例，一个没能赶在被他人抢走奶酪之前做出改变的例子。柯达被认为是过于偏执，这并非没有道理，但如果确实是这样，那么它应对挑战的方式显示了它的过度自信。不管是哪一种，这个公司都严重受创。虽然最后都生存了下来，但其影响力和市场份额却大不如前。

为何这种过度自信具有这么大的自我毁灭性呢？如此不同

于安迪·葛洛夫、霍华德·舒尔茨、汤姆·斯坦伯格和比尔·盖茨的创造性自信，这是一种程度或类型的不同吗？我们能从中学到什么？

更重要的是，这与本书有何关联？我们一直在探索商人及其企业的改变，而改变的一大助力就隐藏在竞争者的创造性毁灭和战略性失误之中。当然，接下来，需要根据一个事先精心制订好的战略计划来有效实行该改变。理解这些有助于你发现、分析和利用竞争者的失误。

## 英特尔：不只是偏执狂

前卫的微芯片公司英特尔的创始人兼首席执行官安迪·葛洛夫向我们展现了一个商业史上最精彩的成功转型的故事。毫无疑问，有些商业变革的故事比较引人入胜，但英特尔的故事却会真正地永久流传。

安迪·葛洛夫在其畅销书《只有偏执狂才能生存》中绘声绘色地描述了这次转型。英特尔，一个极其成功的电脑记忆芯片制造商，决定放弃其业务的核心——一个几乎是它全部营收来源的产品，即老一代支柱产品——记忆芯片，因为它正逐渐成为一种廉价商品。由于竞争激烈（主要是来自远东地区的竞争），价格开始大幅下跌。英特尔原本可以继续在记忆芯片行业中与对手竞争，但是，英特尔的创始人却预感到了凶兆，他聪明地避开了即将来临的灾难。他决定让英特尔重新起航，转而生产微芯片。他英明地遵循了一个古老的谚语："你不能控制风向，但你可以调整航杆。"

这些微芯片就是在芯片上的微型计算机，而英特尔获得了此项技术的专利。肉眼几乎看不到一个微芯片的计算机，但是它却能够执行十分有用的任务。如今，我们每个人的手机上都带有一个细小的微芯片，以及数不清的其他电子元件。

虽然安迪·葛洛夫的书写得很好，但是，任何引用该书标题的人——当然，指的是断章取义者——都是在误导公众。首先，在存在真实的威胁时，偏执的情况就不会出现，虽然有人开玩笑说："就算是偏执狂也有真正的敌人。"不过，偏执狂会引起大众的关注。而且，安迪·葛洛夫太过谦卑，不会去炫耀他的先见之明、自信和果敢。这些因素是英特尔今天依然屹立不倒的原因。除了偏执，安迪·葛洛夫还拥有可以带领手下冲锋陷阵的领导才能。是什么让他如此自信？你能做到如此自信吗？我认为可以。

之前我谈到吉姆·西内格和乔·苏利文时刻做好抓住机遇的准备。同样，在商业上也必须做好准备。假如英特尔的财政不够充裕，它也不可能迈出这么勇敢的一步，而安迪·葛洛夫的偏执也只会是一种心理症状而非一次伟大的商业转型的驱动力。在当时，没有人预估到英特尔会在这个独特的产品上创造一番事业，即使安迪·葛洛夫以及他杰出的终生职业搭档鲍勃·诺伊斯和戈登·摩尔也想不到。

在一些人看来，成功的改变似乎需要预知未来。毕竟，安迪·葛洛夫就是这么做的。一个局外人确实是这么看的，正如前面所说，对于一个刚刚启程的创业者来说，情况可能是这样。但是，作为一个致力于一个行业的人，如果你耐心地了解当下的情况，你通常不需要看得很远才能做到。

例如，如果你在 1980 年试着预计手机行业的潜能，那么你可能会得出它会昙花一现的结论。设备太大且很难使用，基础设施的成本很高。事实上，这就是享有盛誉的咨询公司麦肯锡得出的结论。因为麦肯锡的这个结论，AT&T 放弃了它的手机业务。麦肯锡和 AT&T 认为，将来手机的发展会受到 20 世纪 80 年代在成本、设备和频带宽度等方面的现实条件的约束。

事实证明，错失这个机遇给 AT&T 造成了不可估量的损失。

英特尔相信，将它现有的业务作出改变，通过改变，可以降低它带来的负面影响。但是，除非找到可行的新方案，要不英特尔在新业务上投资的金钱和人力资源将被认为是违背了对股东的义务，公司的良好声誉将因此受损。安迪·葛洛夫及其同事不可能光凭着偏执的性格推动这个新项目实施，他们同时要有信心。

我不能判断安迪·葛洛夫和他的两个搭档是否是偏执狂，但是，我知道三个男人靠自己是不能拯救英特尔的，他们需要整个团队以及无数的外部利益相关者的支持。他们需要说服所有这些人在此工程中跟随他们的领导，同时，他们还必须确信自己是正确的。

今天，对于他们的远见、睿智、对时机的把握以及变革的执行力，我们拍手称赞。另外，对他们不顾一切的勇气，我们深感钦佩。这次的改变是顶着所有反对的声音和意见来完成的，这就是我们所说的“把整个公司都押上”的决定。由于英特尔当时已经是一个高科技行业的模范，它的改变尤其了不起。英特尔能只做出换汤不换药的改变吗？答案是否定的。

并非所有改变都是一种绝望的、押上整个公司的情形，但是，假如任由事态一成不变地发展下去，那么很多案例都会变得孤注一掷。

## 改变的四种动力

我是这样归类改变背后的动力的：①孤注一掷；②现实所需；③机遇出现；④改变上瘾。当所有其他选项都尝试过但失败了之后，人们就会孤注一掷。

没错，英特尔当时处于绝望的状态。事实上，英特尔站在十字路口上，面临的是一种输无可输而赢可大赢的境况。

确实，在一个输无可输而赢可大赢的时刻，说服其他人会更加容易。但是，在这个时候，改变的执行会变得困难，而核心人员可能已经离开或者身在曹营心在汉了。

英特尔是一个跨国的半导体芯片制造商，其总部位于加利福尼亚州圣克拉拉市。

今天，英特尔面临着新的挑战，这印证了持续改变的必要性。计算机行业发展重点正从台式电脑和笔记本电脑快速地转变为平板电脑和其他移动设备以及物联网应用软件，这些产品大多数都使用其他公司生产的夸克芯片。因此，英特尔的芯片销售量逐步下降，它的芯片制造工厂没能全产能运行，因而导致英特尔的利润下滑。为了抑制这个趋势，英特尔必须考虑是否允许竞争者在它们的产品上使用英特尔芯片。英特尔再一次面临着有可能是灾难性的后果，它必须考虑做出彻底的改变。

其他一些并不处于如此危急境况的公司可能会觉得更加难以决定。毫无疑问，看到改变的需要并判断公司面临的是哪一种的挑战——孤注一掷、现实所需、机遇出现或改变上瘾——最好由一个英明的、经验丰富的领袖来处理，胆小怕事者当然无法承担这个责任。

# 第6章

## 柯达与IBM：巨人之殇

柯达与IBM是它们各自领域中的佼佼者。胶卷业巨头柯达带给我们无数个“柯达时刻”，这一直是柯达的经典摄像体验，即使衰落的柯达在数码相机时代不再是主角，这一点也从未改变。“蓝色巨人”IBM的大型计算机当年非常普遍，采购员都在买IBM的电脑，因为他们知道，这个选择一定不会错。两家公司都极其自信，在决策时都认为过去是未来的正确导航。即使世界在发生天翻地覆的变化，它们依然这么认为。于是，他们的衰落印证了约瑟夫·熊彼特的创造性毁灭理论，顾客品位、科技和全球经济环境的改变摧毁了柯达，重伤了IBM。

创造性毁灭就像是一种进入身体的病毒。真实的病毒，比如普通的感冒，为健康的、休息充足的身体所抑制，因而能被消灭。而更加致命的病毒，比如艾滋，虽然可以抑制，但最终还是会蔓延扩散。正如面对一些真正致命的病毒一样，商业的药方——新策略、型号、资金和人才的引进可以改变原有的结果。

我们要想一想没有及时“服药”的这两家公司，不论它们是觉得自己能够免疫还是认为病毒不是那么强大，它们都各自付出了代价。发生在它们身上的事情非常值得每一家公司思考和研究。入侵你的公司的病毒可能并不相同，但是其带来的后果可能会更加致命，因为你的公司可能没有像那两家公司那么强大的免疫系统。

## “柯达时刻”进入历史的暗室

柯达公司在摄影行业曾经是坚如磐石的存在，是该行业的统治者。在我看来，柯达是最具标志性的公司。可口可乐的“享受清新一刻”可能曾经风靡一时，但是它与百事可乐在同一个平台上竞争。在世界各地路口的麦当劳的金黄色拱形标志吸引了数以亿计的顾客，不过，其直接竞争者如汉堡王和温迪饭店以及非直接竞争对手如肯德基、赛百味和必胜客导致麦当劳不过是食客的众多选项之一。

与之相反，柯达公司在几十年里出尽了风头，罕遇对手。在这段时间里，几乎每一个重要的镜头都是“柯达时刻”。

## 柯达究竟在想什么

是的，柯达曾经是一家非常伟大的公司。通过把成本降低至普通家庭能承担的范围，它让摄影走出摄影室，走进了人们的日常生活中。这不同于剃须刀的“刀架＋刀片”模式，在该模式中，据说企业甘愿放弃一次性的销售，即相当于免费提供刀架，以此来吸引消费者并从后续的刀片销售中实现获利。（吉列对该商业模式的使用受到了一些学者的驳斥，但这并不阻碍它继续被用作商业决策的参考。）不过，柯达从照相机销售中也能获利，虽然它的胶片和胶片加工生意创造了大部分的利润。柯达的顾客不仅仅是普通的消费者，它同时还把胶片和设备卖给医院，用来拍摄 X 光照片，这比普通消费者所用的胶片要求的品质更高，因而价格也更高。

在这期间，曾出现过一些竞争对手，如安思科、爱克发和宝丽来。每一个竞争对手都对柯达产生了一定的威胁，但柯达通过其极高的市场份额和雄厚的财力给予它们强势的回击。此外，柯达的销售渠道忠诚度很高。构成这些销售渠道的照相机店和街角的药店都明白，它们不能自断财路。通过赚取胶片加工的手续费，这些零售商店可获得稳定的经常性收入。

它们把胶片转发给当地或所在区域的柯达加工中心，只要它们这么做，就可以在它们的窗口保留柯达的金黄色标志，这就是品牌的力量。

柯达十分关注它的胶片业务，毕竟，这是一只每天都能下金蛋的母鸡。

在宝丽来出现后，柯达改进了其摄像机、投影机、胶片和加工设备的技术。它还采取了侵略性的低价措施，将宝丽来的产品变相抬高至奢侈品之列，这样，柯达就成为以照片能够存放几年为目标的消费者的主要选择。

柯达与照相机店和药店的关系有效地把照相机、胶片和胶片加工等环节捆绑在一起，让零售商在几十年里能够保持并增加它们的利润，这些都让它们相信，爱克发和安思科之类的暴发户不值得推荐，也不会受大众喜欢。

这种情况一直持续到富士大举来袭的 20 世纪 80—90 年代。然而，这一波的入侵被柯达通过成功进入全球市场化解了。

## 乔治·费舍尔踏入柯达圣地

在成为柯达的首席执行官后，摩托罗拉全盛期的杰出首席执行官乔治·费舍尔面临着一个严峻的挑战。柯达这个百年老企业的文化已根深蒂固。在这里，员工的工龄大多数都以10年计算。他们都见证了不计其数的挑战者，但他们都未能越过柯达堡垒的外城墙。

不过，此时的柯达还是迎来了一个强大的对手——富士公司，这是一家生意蒸蒸日上的日本胶片制造商。考虑到在乔治·费舍尔的领导下，摩托罗拉成为手机行业毫无争议的领导者，因而，引进乔治·费舍尔看似是柯达用来保持其领导地位的一步好棋。

乔治·费舍尔确实很快就做了一些事情，他成功地在中国市场上击败了富士，当时，所有人都认为中国将成为改变整个行业的一个市场。他与中国企业达成的交易包含了数十年的独家合作，从而把富士从这个巨大的潜在市场上赶了出去。这份超凡的功绩在柯达的总部罗切斯特和华尔街受到了广泛的称赞。此举挽救了数以千计的工作岗位，也在一定程度上拯救了公司。

在攻城拔寨的改革者回到罗切斯特后，他开始着手解决其他问题。公司规模庞大，冗员过多。有必要做出改变来增加竞争力。然而，乔治·费舍尔在每一个关口都遇到了抵触：他是个外来者。他并不了解柯达的文化。柯达的老员工传达的信息是："你不能单纯地搬用新的方式，这不是我们这里的做事方式。"大约也是在这段时间，乔治·费舍尔曾向我表达过他的沮丧情绪。

他成功地让柯达打进了中国，这成为柯达招资引商的一大举措，但柯达文化有一个约定俗成的规定：任何一个柯达公司的外来者，即便是公司的首席执行官，也不能随便去改变刻板的柯达。无论乔治·费舍尔怎样努力，柯达选择了停步不前，而非改变自己。于是，柯达的境况变得愈加糟糕。

## 透过镜片的黑暗日子

在创立近 100 年后，柯达依然高高在上地统治着胶片行业，这还是它的头号赚钱机器，虽然外国公司在照相机和其他设备方面正在掠取较大的市场份额。不过，柯达仿佛更喜欢看到别的企业在照相机市场上竞争。这种状况降低了成本，改良了技术，因而让更多人拥有照相机，而胶片的使用也更为普遍。毕竟，照相机就像刀架，而柯达卖的就是那些刀片——即胶片和胶片加工。

假如柯达在面对富士和其他照相机制造商的竞争时降低价格，那么它很有可能会击退竞争对手的入侵，但是它没有这么做。说得好听点，它的判断出现了问题。在击败所有竞争者之后，柯达的信心迅速膨胀，变得狂妄自大。回想起来，柯达的成功其实就是时势造英雄，依靠的是极高的市场份额，而非击败竞争对手的能力。

当专注让你戴上眼罩时，别人就很有可能攻击你，而这正是发生在柯达身上的事情。它被时代的巨变攻其不备，于是就成了约瑟夫·熊彼特所说的创造性毁灭理论的典型代表。在短短几年里，这个屹立了100多年的公司就让病毒肆意入侵了。

柯达原本可以避免这场劫难吗？是否曾有某段时间和某个办法可以改变柯达，让其继续生存下来？毫无疑问，有多种方式可以做到这一点。柯达本可以复活过来，或许并不能回到它曾经保持了近100年的统治地位，但是，它曾经尝试过寻求新的产品、发明和商业模式，它所需要的不过是再次抓住机会的时间而已。

考虑到柯达对胶片生意的依赖性，公司随着由胶片摄影到数码摄影的转变而衰落是可以预见得到的。如果这就是故事的全部，那么可以分析得出的结论就是：该公司由于未能及时做出改变而失败了。然而，故事远没有这么简单。

1975 年，柯达的工程师史蒂夫·萨松发明了数码相机。你知道，这种设备的图像储存在一块硅芯片上，胶片不再被需要。史蒂夫·萨松不仅发明了数码相机，他还为相关技术申请专利并在后来获得了专利权。这就是胶片及使用胶片的照相机出现创造性毁灭的起源。

该专利本可以成为柯达做出与英特尔量级相当的改变的基础，假如是这样，那么你很有可能读到的是一本柯达当时的首席执行官沃尔特·法伦的自传大作，而非安迪·葛洛夫的。显而易见，柯达的数码相机专利本可以带来 20 世纪最激动人心的企业转型。那么，柯达改变它自己了吗？可惜的是，它压根没有做出哪怕一丁点改变。相反，这个曾经无比辉煌、让家乡罗切斯特成为一流城市的公司将它的数码相机搁置在公司总部深处的货架之上。

## 车灯前的小鹿——一动不动

手握可成为百年难遇的新产业——数码摄影的钥匙，柯达却无所作为。那么，有没有可能是沃尔特·法伦和史蒂夫·萨松都不明白，有了史蒂夫·萨松的发明，他们已经涉足了一个新产业？是他们对新产业的潜在商机视而不见，还是他们担心数码摄影会不利于他们继续经营珍贵的胶片业务？毕竟，胶片业务为柯达贡献了绝大部分的营收和利润。

柯达在获得专利权后把数码相机收藏起来的做法很奇怪，很难想得出有谁这么做（把一项发明收藏起来）而最后能获得成功。

专利权是由政府授予的一张独占性权利证书，专利权的授予是为了有限制性地保护发明者免受外来竞争，该举措为发明者投入时间和金钱开发的科技提供了法律保障。这同时旨在诱使发明者公开相关的技术（这通常发生在专利申请公布之后），让其他人能够使用该技术来进行其他发明和生产。

在这种情况下，如果一家公司决定（不管其对错）对它的发明予以保密，那为何它又会与全世界分享它的秘密技术呢？也就是说，为何柯达在明知申请专利会导致秘密公开的情况下仍然会提出专利申请，而同时又试图对该技术予以保密呢？

有可能是在当时的情况下，柯达想一箭双雕，先获得一项专利，接着可能再申请一连串的相关专利，以此为公司的战略改变，包括产品线的更新换代，争取更多的时间。如果事实不是这样，那么，这看起来就好像战略委员会制定了一个永不会实现的战略。我想象不出柯达怎么会对数码摄影的潜力——包括数码摄影的优势及其对胶片的影响，如此视若无睹。不管一箭双雕的战略如何产生，这确实是一步臭棋，也远远偏离了影响柯达人长达一个世纪的思想和行动的准则。

不论柯达的不作为是代表了公司近乎狂妄自大的信心还是毫无信心，它都蒙蔽了柯达的视野，致使它无法实现自我改变。这个结果是灾难性的，柯达在它本可以称王的新产业里成为一个局外者。柯达受困于几乎已不复存在的胶片和胶片加工的旧产业，于是，现在的柯达在经过非主动的破产重组后，仅仅是一个知识产权和专利的所有者，而不再是一个运营着的公司。

我们都知道，胶片行业已消亡。如果你对此有异议，那么请你想一想你上次购买胶片是什么时候的事情。没错，你可能买了一个纸板相机，也发了十几张底片给照相馆进行显影。不过，这始终是一个极小的市场，不成气候。如今，甚至牙医这类不是新科技的最快应用者的人也在使用数码设备来拍X光照片。

在胶片市场分崩离析后，柯达本还可以生存下来。那一句标志性的“柯达时刻”还会继续使用。不幸的是，由于柯达没有改变自己，今天的“柯达时刻”都记录在了智能手机上。制造商有很多，却唯独不是柯达。最后，“柯达”（Kodak）很有可能将只是益智问答游戏的一个答案而已。

## IBM——最受敬仰，却不愿改变

如果说英特尔是华丽转型的典范而柯达是另一个极端，那么IBM就是处于两个极端之间的中间派的特别例子。虽然较为少见，但它值得我们研究。

为什么一些超级自信的公司不能定期进行改变？显然，绝望是做出改变的一大驱动力。当你输无可输时，你会更愿意也更有可能豁出去来做出改变。记得塞缪尔·约翰逊曾在一篇相关的文章中是这么说的：想着可能要上绞刑台时，你的精神最为集中。然而，如我们所看到的，柯达太过于聚精会神了，以致看不到大局。

当然，绝望并不只是一个局面的实际衡量标准，它同时也是对该局面的认识、感知甚至信念的衡量标准。有时，虽然你的境况很糟糕，但只有你真正认为你的境况很糟糕，它才会激发你去改变。

和柯达一样，IBM 也是一个产业的巨头。两者都在每一个传统的投资经理的投资组合之中，它们的股票都入选了构成道琼斯工业平均指数（股票市场健康度的权威指标）的 30 个公司名单。这两大企业都没能改变自己，虽然原因不同，但都因此而承担了相应的后果，不过两者承担的后果并不相同。从这些相似和相异之处中，我们可以学习到一些经验和教训。

## 狂妄自大的文化

有时候，恰恰是自信让一个企业的创始人排除异议、改变自己、挑战世界，并实现成为产业领袖的梦想。但是，这份自信最后会成为他的敌人。自信变成了自大，而自大则导致了企业的衰落甚或毁灭。一般而言，一个公司在创立几十年甚至整整一个世纪后会形成一种狂妄自大的文化，它并非在公司的创立时期形成的，甚至与它的创始人也没有太大的关系，而是源于公司的成功。甚至在创始人离开很长一段时间后，这份毁灭性的狂妄自大会依然存在。

这种狂妄自大会阻碍公司的改变，即使改变很有必要。柯达和 IBM 就是此种情况的极佳例子，虽然在柯达的例子中，这些小屁孩有弱者也有强者。它们并非单独的个案。不过幸运的是，这两个公司的失败并非常态。

IBM 在其早期是极少见的存在。在那个年代，没有多少公司能称得上是计算机公司。实际上，当时都没有那么多计算机。在 20 世纪 50—60 年代，一台计算机就是一个巨大的装置，能塞满一个 12 米 ×12 米的房间，而这个房间必须提供 24 小时不间断的冷气。在美国，很少人知道怎么使用这些计算机。依照今天的标准，这些计算机虽然个头大，其功能却很弱小，它们只能做有限的计算和数据处理。对于一个重要机构而言，能拥有一台计算机已经很幸运了。当时，很多大学都没有计算机。

在 20 世纪 50 年代晚期和 60 年代早期，我还是学生，在就读的学校兼职，我的老板是一个在芝加哥大学攻读博士学位的才华横溢的女人。我的一部分工作是为她的论文做数据分析，交货期很紧迫，我们必须及时定稿以便她可以在计算机上运行这些数据。这是学校唯一的一台计算机，而她只被允许每月使用一小时。

在一个只有很少的计算机使用者和制造商的年代，IBM不能犯哪怕一点错误。这是一个非常有组织、有纪律的公司，从培训到销售技巧，甚至到着装要求都如此。制定这些规矩的目的在于，它的员工不必为了无关紧要的事情浪费精力，这样他们就可以把注意力集中在重要的问题上。我之所以提这个，是因为我想撇清在通常意义上的狂妄自大的概念。这是一个占有很大市场份额的公司，虽然它不能独占这个市场，它还需要与一个规模小很多的公司尤尼法克竞争。IBM 更像是一个寡头，而非垄断者。这并不是说它可能会被当作垄断者打击，因为政府就是该公司的需求最为急切的客户之一。这个行业的发展日新月异，而 IBM 人一直努力站在这些发展的前沿。总的来说，他们做到了这一点。对公司制度的认同以及对纪律的遵从让他们充满信心，但是他们仍然很勤奋。一些今天看似很微小的产品改动在当时都具有里程碑式的意义。然而，就算在那个时候，这些改动都不能被称为公司的转变。

没错，IBM 是一个行业领导者，处于其所在领域的技术前沿，对于它所从事的一切充满自信。然而，在某一个重要的时间点，它并不处于技术的前沿，但是 IBM 人依然充满自信。那就是 1980 年的一天，他们遇见了一个胸怀远见的年轻人：比尔·盖茨。

请记住，这发生在比尔·盖茨成为美国最富有的人之前，在每次启动微软系统发出的提示音挑战歌曲《生日快乐》成为史上最常播放的音乐之前。那时候，微软的名字几乎没有人认识。

比尔·盖茨和保罗·艾伦均在读大学时辍学，没有学业的束缚，他们声称自己对计算机行业的未来拥有比世界领导者 IBM 更好的见解。IBM 人认为自己是一个硬件公司。毕竟，他们用无数的硬件塞满了一个又一个大型房间。但是，IBM 人绝不愚蠢。他们在考虑如何进入小型计算机行业，不过他们需要一个运行系统。

比尔·盖茨告诉 IBM，未来是软件而非硬件的世界。在不久的将来，人们会不再为每月使用几分钟公用计算机（前提是有一台这样的计算机）而争个头破血流。很多人将拥有私人的台式电脑，人们将创造一种无须汽油运行的汽车。如今无处不在的苹果手机在当时就像影片《至尊神探》里面的通信手表。

那时候，如果有谁预测今天的智能手机会超过人口数量而且每一部手机都拥有比 IBM 当时的最大计算机都强大的计算功能，那只会被当作是痴心妄想。

因此，IBM 没有意识到比尔·盖茨的运行系统的重要性在当时是可以理解的。毕竟，对电脑而言，硬件才最重要，而软件则相对次要一些。IBM 忽略了比尔·盖茨方案的价值，不过蓝巨人对微软的软件取得了许可证。但是，IBM 的一个巨大的失误就是允许比尔·盖茨同时把运行系统卖给其他人。

对 IBM 来说，它没有认识到比尔·盖茨运行程序的潜力和重要性，这已经很糟糕，但是也没有柯达的情况那么糟糕，毕竟 IBM 真正拥有相关的专利。

IBM 本应改变自己，比尔·盖茨的运行系统本可以让它这么做，IBM 本可以取得微软软件的独占许可证。天晓得，当时 IBM 出得起这个价钱，但是，它却没有这么做。

## IBM 在接受事实后的改变——非常罕见的壮举

对 IBM 人来说，幸运的是，他们最终认识到世界在发生天翻地覆的变化，而他们最好系好他们的安全带。大约在

1993 年，他们基本上将 IBM 改变成了一家咨询公司。在这个新身份下，公司表现得非常好。他们把托马斯 · 沃森的技术（即超级计算机）应用到医疗保健上，这预示了 IBM 未来有发展壮大的潜能。

IBM 在犯了一个灾难性的失误后还能生存下来，这证明了它的规模之大、品牌之强。这与福特在艾德赛尔事件后的生存不同，因为艾德赛尔不过是福特众多产品之一。不论如何，这给了 IBM 后来改变的宝贵机会。不过，并没有很多公司有这么好的运气。

在列举几个实例（如 GPS 的出现取代了兰德的麦克纳利的地图集）后，《华尔街日报》表示，新陈代谢或许已经成为新常态。这个观点很有可能源自这样的一个事实：新科技的性质决定了渐进式变化发生得更频繁，足以促进新产品的诞生。例如，苹果手机上的一个新应用软件能够倾覆一个产业。（请问，你最后一次使用黄页是什么时候?）你还记得脸书横空出世的时刻吧？如今，它正在急切地改变自己，完善其在移动设备上的用户体验。另外，谷歌继续改变自己以统治物联网，比如，耗资超过 10 亿美元收购一个名为 Nest 的恒温器公司。毫无疑问，将来会继续出现像数码摄影和运行系统之类的大灾变，只是不会那么频繁而已。

无疑，你想成为幸存者，而非失败的那一个，你想跟着比吉斯乐队一起高唱《活着》。确实，改变你的企业并不容易，但是肯定比改变英特尔或柯达这样的公司来得容易。只有生存和失败两个选项，因此，改变势在必行。

你费了九牛二虎之力才获得成功，既然如此，在企业需要你承担新的风险——花费时间、精力和金钱来延长它的寿命时，你怎么能决定不去这么做呢？你怎么能眼看着承载了你的创业梦想的它香消玉殒呢？你不仅要知道如何去改变你的企业，还要不去理会你不可避免会遇到的坚称改变不可行的反对者们，这些人很有可能来自公司内部。目光短浅的他们可能想保留现有的待遇（或者像我们所看到的家族企业里，有些人想保留他们的分红）。这些人不是有远见者，如果他们有远见，他们很有可能早就离开公司，自行创业去了。

最后，你要做好功课，了解相关的风险和回报，然后做一份详尽的风险或回报分析。你还需要训练自己的快速反应能力，并预先知道当事情发生时要如何应对。你要跟着自己以知识武装的直觉走，然后制订一份切实可行的商业计划，并鼓起勇气坚持到底。

第四部分

# 创业家蜕变为公司高管

# 第 7 章

## 更上一层楼

我的祖母过去常说："人算不如天算。"商人是最终的计划者，然而，生活给我们制造了很多无法预测的阻碍，以至于最后出现了一个意想不到的不确定局面，我们处理该局面的能力决定了我们的机会和运气。实际上，在创业课程上，我们常说，要创业，你就必须接受不确定性。有些人说该能力叫作"随大流"。不过，假如你曾经玩过漂流，那么你就知道随大流很危险，水中突然出现的石头会把你掀下水去，只有对河流充分了解的专家才能成功地随大流而下。

作为一个创业者，你不可能在某一天醒来就知道如何去规避危险。但是，假如你知道自己要去漂流并事先提升自己的技能或学习新技能，那么或许你会安然地渡过激流。在商业上，经常会遇到难以对付的问题，比如报价超出底线，意想不到的税费导致利润削减，或者不断改变的商业环境，逼着拥有一种技能的企业领导人争先恐后而又小心翼翼地去获取另一种新的技能。

我们会研究一些成功地把自己从创业家转变为其他身份的人，这包括了吉姆·丹博士（从创业家到公司高管），大卫·阿克塞尔罗德（从创业家到白宫职员）和尼尔·巴克特（从创业家到耶路撒冷市市长）。此外，我们还将探究价格的影响以及是否需要为你的企业改变提供资金支持。

## 惯例并非总是对的

从一个执业医师转型成为一个公司高管，这看起来是一个巨大的改变，难以驾驭，而且也与我的“人生之环”理论相悖。事实上，这就是吉姆·丹博士所经历的转变，它展示了如何去驾驭人生中的各个环节。他通过一系列递增式步骤变难为易，成功地完成了这次转变。他向我们演示了如何聪明地实现根本性的改变：通过增量式步骤，只改变那些在特定时期需要改变的技能。

在放弃病人并加入联合执业团体之前，吉姆·丹博士是一个受欢迎的医师，这个联合执业团体发展成了芝加哥地区最大的独立执业团体。最后，他离开该团体，转而加入伊利诺伊州最大的医疗保健体系并很快成为一个关键区域的首席执行官。

吉姆·丹一直想当一名医师，他的课程选择和学习表现让他在向他的这个梦想走近。他当初级保健医生长达 28 年。吉姆·丹在工作中表现很好，而他也喜欢这份职业。他的病人很喜欢他，这证明了他很适合这份工作。在他执业初期，他在商业方面的接触仅限于他的员工薪金单，对家具、设备和日常用品的采购以及对琐碎税费问题的处理。办公室的工作人员和外聘会计定期处理日常的商务琐事，这把吉姆·丹博士释放了出来，专心治理病人。

不过，在过去的几年里，随着他执业经验的增加以及保险公司和政府部门干预的日益增多，他不可避免地参与到一些商业事务中。作为一个个体执业者，吉姆·丹博士缺乏与承保人、联邦医疗保险代表和其他方面的人（比如医院代表和专家）等谈判的能力，他没有经验丰富的员工来处理商业事项及与规章制度相关的事情。

于是，他在1995年与十几个医师一起创建了一个新的实体。他们合并了他们的诊所，创立了美国中美健康伙伴公司，聘请专业的业务人员。作为一个颇具分量的职业机构，他们对病人和供应商都很有影响力。吉姆·丹博士想，这样他应该有空去做他最喜欢做的事情——治理病人了。

不过，他同时也积极地参与了公司成立的准备工作，出席与律师和会计师商谈的会议。他在逐渐地发展自己的商业技能，虽然当时还不成熟，但在这方面已胜过了他的新同事。而且，他仿佛自然而然地喜欢上了商务，学习起来又好又快。最重要的是，他明白这些商务问题对诊所的影响，并将其转化成了简单易懂的语言。就这样，他获得了搭档对他的信心，对方认为他是一个好商人和一个公平公正的领袖。

在经过一系列的变动后，吉姆·丹博士被选举为该组织的总裁，这个组织后来改名为“杜佩奇医疗集团”。

后来，吉姆·丹博士花费越来越多的时间来扮演经理的角色，而专业人员则负责处理日常管理的事情。集团继续快速地发展壮大，在短期内从50位医生增至几百位，集团现在的执业医生不仅只有初级保健医生了。杜佩奇医疗集团已成为一个具备多项专长的公司，每一项专长都出于特别的商业考虑。吉姆·丹博士的监督职责让他对专科医生方面的业务有了更深入的了解。例如，专科医生会收到来自杜佩奇医疗集团初级保健医生的转诊病人，于是，吉姆·丹博士自然就对诊所业务（包括专科医生和初级保健医生）的商务方面都更加熟悉。

后来，杜佩奇医疗集团成为芝加哥发展最快的领县——杜佩奇县上最大的独立医师团队。（芝加哥的周围各县之所以被称为“领县”，是因为它们在芝加哥市中心周围形成了一个衣领形状的地理图形。）在这之前，吉姆·丹博士承担的管理和领导职责已远远超过他的医生职责。

在几年的时间里，他成功地改变了自己，从一个少量兼顾管理或商业工作的全职医师转型成为一个拥有医学博士学位但只花有限的时间在病人身上的高管。转变的进程很缓慢，每一步都经过了深思熟虑。毕竟，管理一个拥有几百位医生的机构是一项高难度工作。不过，他的进步并非预先设计好的，没有既定的计划，也没有设定好的每一步帮助吉姆·丹博士获得更多的管理或商业技能。

人们常说目的就是手段的理由，但是在这个例子中，结果却源于吉姆·丹博士用以实现目的的手段。每一次他解决一个问题，他就在自己的技能组合中增加了一项新技能。他可能没有一个长期的战略性规划，不过，一个又一个成功的战术性解决方案累积起来就产生了一个有价值和令人满意的最终结果。

---

## 哪个更重要：目的或手段

在吉姆·丹博士的例子里，手段的发展实际上决定了目的。这与黛泽丽·罗杰斯和谢丽尔·梅伯里·麦基萨克的经历相反，她们均先设定好目标（黛泽丽·罗杰斯想成为一个首席执行官而谢丽尔·梅伯里·麦基萨克想成为一个创业家），然后选择能够增添实现目标所需技能的工作。

---

吉姆·丹博士在2007年离开了杜佩奇医疗集团，成为拥有芝加哥最大保健系统的倡导医疗集团的总裁。该集团遍布在周边地区的150个网点，提供一系列的广泛服务。这是一个典型的例子，一个拥有医学学位的企业家在获得新技能后，最终变成一名管理者。

如果将吉姆·丹博士1995年具备的能力跟现在相比，我们可以看到一个巨大的跳跃，这本是不可能实现的目标，即使是对像吉姆·丹博士这样才华横溢的人来说也是如此。

反之，如果将每一步都视作一个微小的、独立的改变，这一切似乎又是可以实现的。但是，吉姆·丹博士何来信心完成这些小改变呢？毕竟，即使是小小的跳跃也需要多年的“人生之环”的演变。

为了弄清楚吉姆·丹博士是如何获得信心来做出这些小改变的，我们必须回顾他的背景以及他自该起点后的历程，每一步都牵涉到一个决定以及他做出该决定的信心。

像《眨眼之间》（马尔科姆·格拉德威尔著）、《思考，快与慢》（丹尼尔·卡尼曼著）等书，都有探讨如何通过对行为学的研究来分析决定是如何形成的。每一个改变的过程都涉及重要的决定。但是，我采访过的许多人在做决定时都是无意识的，他们认为应该跟着自己当时的直觉走。当然，最聪明的人并不只是时不时做出不相关的反应，他们会从每一个决定中吸取教训，学习其中的对与错，从而为做下一个决定提供依据。在每一次做决定的时候，他们不再考虑学习的过程，他们只是在那一瞬间做出决定。

## 特意设计的紧挨着的梯级

吉姆·丹博士本不能顺利地从一个个体执业医师一跃成为一大医疗机构的总裁，但是，在求知欲和改变需要的驱使下，他一步一个脚印，循序渐进，每一步往往相隔数年。期间，他虚心倾听，细心观察，学习晋升所需的新技能，最终走向成功。

为了演示决策过程，我和大家讲几个有关改变（比如定价）的故事，其中看似无关紧要的因素实际上影响了企业的改变。

## 改变：从价格开始

我们多数人都看过一个来自 Ronco 公司的名为罗恩·波佩尔的电视推销员。罗恩·波佩尔的父亲萨姆·波佩尔发明了一些厨房用具放在商店里销售。罗恩·波佩尔是一个吆喝艺术家，他站在商店过道里，叫卖他父亲的新产品，试图让顾客相信他们看到的是史上最好的新产品，他就是在这里学到了我们在电视上所看到的技巧。罗恩·波佩尔成为一个专题广告片大师，他后来一点也不谦虚甚至还有点骄傲地自称为“世纪最佳推销员”。

萨姆·波佩尔发明了无数的厨具，卖出的数量相当庞大，但被使用的数量要少很多，这证明了罗恩·波佩尔能出售一个解决方案但缺乏实际需求。1972 年，萨姆·波佩尔发明了一种名为“口袋渔夫”的新产品，这是一种可以折叠起来装在口袋里的钓鱼竿。萨姆·波佩尔是在芝加哥奥黑尔国际机场获得这个灵感的，当时他差点被一个男孩的钓鱼竿勾住了眼睛。后来，为了防止此类危险的事情再次发生，萨姆·波佩尔就发明了“口袋渔夫”钓鱼竿。父子俩以 19.95 美元的零售价卖出了几百万支钓鱼竿。看起来，该产品非常受消费者的喜爱，而且定价恰到好处。

你可能认为口袋渔夫的价格是通过一些科学的方法确定的，毕竟，商业院校都有开设价格方面的课程，而关于这方面的书籍随处可见，定价更是众多学术论文和商业文章中常见的主题之一，定价咨询师凭借此类服务可收取可观的费用。而定价决策会影响顾客目标、营销技巧、经销渠道、要聘请的员工类型和企业的融资，在商业模式和方案中的这些改变则会影响企业的改变。

那么，口袋渔夫案例究竟是怎么回事？此前并无先例，也没有出现过相同的产品。这个独特的产品如何定价？萨姆·波佩尔的专利律师杰克·多米尼克告诉我，萨姆·波佩尔在研发口袋渔夫时，经常去高尔夫路鳟鱼农场。该农场位于芝加哥郊区，有几个养了很多鳟鱼的人工池塘。在那里，这位发明者通过实践创造了口袋渔夫，他做了大量的笔记。作为一个完美主义者，萨姆·波佩尔频繁地去那里以获得第一手的正确数据。

有一天，杰克·多米尼克要与萨姆·波佩尔面谈，并约好在高尔夫路鳟鱼农场见面。萨姆·波佩尔把他的女儿伊丽莎白·波佩尔也带了过来，这位当时只有 5 岁大的千金小姐如今在加利福尼亚当律师。在问完有关专利的问题后，杰克·多米尼克问萨姆·波佩尔他对口袋渔夫如何定价？对此问题，萨姆·波佩尔毫不犹豫就说出了 14. 95 美元。

杰克·多米尼克问：“你是如何得出这个决定的？”萨姆·波佩尔提到了他的波氏定价指南，它遵循了一个电视购物行业的准则：产品价格应接近其成本的7倍。不过，杰克·多米尼克知道：该规则仅设定了定价的最低标准。由于我们无从知道产品成本低至何等程度，所以光靠这个行业准则并不足够，我们还必须判断价格是否随着消费者的需求而浮动。

虽然萨姆·波佩尔是这方面的行家，但是杰克·多米尼克的工程和法律背景让他提出一个更“科学”的定价方式。他让萨姆·波佩尔递给伊丽莎白·波佩尔一把口袋渔夫钓鱼竿，让她沿着池塘走一圈，询问每一个钓鱼者他们会付多少钱买这个钓鱼竿。伊丽莎白·波佩尔采访完她的“焦点小组”后回来，报告说池塘的钓鱼者大多都说愿意付19.95美元，比萨姆·波佩尔计划定价的14.95美元高出5美元。

是不是专家不重要，重要的是萨姆·波佩尔最后改变了主意，以更高的19.95美元作为钓鱼竿的价格。几百万支口袋渔夫卖了出去，每一支都多了5美元的利润。不用说，这几百万个5美元让萨姆·波佩尔赚了个盆满钵满。这是因为专家萨姆·波佩尔并不傻，他迫不及待地要从伊丽莎白·波佩尔的“科学”研究中获利。

这个决定也使萨姆·波佩尔拥有充足的额外资金来资助一些新产品，这也是能改变你或者你的生意的决定。

仅仅依靠一个5岁小孩环绕池塘一圈做的市场调查，你认为提价5美元合适吗？要知道，一个错误的价格可能会影响你为之付出心血的产品的销售，以至于危及公司的发展甚或生存。

为什么萨姆·波佩尔这么快就做出这个决定？他改变产品价格，既不是一时兴起，亦非轻率之举。这是畅销书作家马尔科姆·格拉德威尔的“眨眼之间”概念的演绎。马尔科姆·格拉德威尔将“眨眼之间”形容为“不加思索的思考”。

口袋渔夫的定价只是决定的最后部分，实际上，早在几十年前（在萨姆·波佩尔在芝加哥奥黑尔国际机场差点被钓鱼竿戳中眼睛），该决定就开始形成了。这个过程经过了无数次临时决定，最后以他对伊丽莎白·波佩尔汇报的即时反应结束。因此，这不是一个瞬间的决定，而是一个实际上经过几年认真思考的决定。这就像是一个电影演员在经过15～20年的奋斗后，突然成为一个风靡一时的人物，结果却被形容为“一夜成名”。

“眨眼之间”的决定只能在特定的环境中做出，在你创业前理解这一点很重要。假如有机构投资者如风险资本家投资了你的企业，那么很有可能你不能这么做，因为他们会将可能得到的收益跟风险做比较。除了你的直觉，他们可能要看到更多的数据。因而，如果你倾向于像萨姆·波佩尔那样做决定，那就要考虑一下公司的那些投资者，事先和他们讨论一下。

## 约翰·奥舍的目标价格

第二个故事能让你更加明白决定产生的过程。这里我要介绍一下约翰·奥舍，一个系列创业家，因为电动牙刷产品（约翰医生旋转牙刷，后来被出售给宝洁公司并改名为“佳洁士旋转牙刷”）而被大家所熟知。约翰·奥舍，曾在第 4 章出现过的这个人，他并不是一个医生，对牙刷行业一点也不了解，但是他的团队对生产旋转类产品很在行，比如旋转棒棒糖，他的产品物美价廉。

这些旋转产品卖得很好，对于每一个畅销的旋转产品，他都能够以相当可观的利润生产和出售。当时，市场上有电子牙刷，不过价格昂贵，要 100 多美元。因此，约翰发现了一个商机，他要生产廉价的电动牙刷。

约翰·奥舍没有召集一个团队做“焦点小组”调研，也没有进行成本高昂的市场调查。他告诉我，他和他当时的妻子两人一起去了几家商店考察电子牙刷的情况，了解价格和包装方式。而在这之前，他已与在大型零售店上班的朋友交谈并了解过市场行情。然后，拥有多年给新产品定价的经验的约翰·奥舍几乎是瞬间就决定了产品的目标价格。接着，他要求他的团队研发一款成本比目标价格低许多的产品，以保证有可观的收益。结果，他们做到了。

约翰·奥舍发明了一种人人都能买得起的电动牙刷。和萨姆·波佩尔乐于提高口袋渔夫价格的做法很相似，由于团队此前的工作与旋转技术有关，该经验是约翰·奥舍能轻易为电动牙刷定价的基础。更重要的是，萨姆·波佩尔从他专长的厨具产品到口袋渔夫的转变和约翰·奥舍从旋转棒棒糖和其他玩具产品到约翰医生旋转牙刷的转变一样，都是具有里程碑意义的改变。同时，他们凭借相关的经验来处理毫无关联的产品的做法给所有商人都上了宝贵的一课：如果你拥有相关的经验，那么你就可以转型到不相关的领域，虽然你的经验可能会没那么丰富。

无巧不成书，他们两人均有自知之明，所以他们选择自筹资金做生意，没有因为受累于与外部投资者的商议而耽误了项目，也避免了让他们自己疲惫不堪。此外，他们知道，这些令人厌烦的做事方式没有他们自己的方法准确。假如你认为用一种简单的公式定价就万事大吉，那么，请想一想吉姆·西内格在两件事情上的做法：为了兑现“热狗+可乐”套餐维持1.5美元不变的承诺，他特地建立了一个工厂；虽然价格会更高，但是他还是引进了品质更佳的金枪鱼。

## 最高跳台上的跳水：从追赶新闻到制造新闻

一山更有一山高，没有最好，只有更好！可能你已经取得了超过预期的成绩，登上了你能达到的最高顶峰，甚至已经一览众山小了，但改变能让你看到更多更美的风景。

大卫·阿克塞尔罗德是贝拉克·奥巴马的总统竞选经理，他帮助贝拉克·侯赛因·奥巴马当上美国史上第一位非洲裔总统，并随之进入白宫。在帮助贝拉克·侯赛因·奥巴马赢得连任后，大卫·阿克塞尔罗德在白宫的职业生涯达到了顶峰。此时，他选择了自我改变，离开白宫另谋发展。

当人们谈到大卫·阿克塞尔罗德时，也许不会把他当作一个企业家，而是美国总统的政治顾问或者是为第一位黑人总统成功策划了两次总统选举的竞选战略家。在成为总统竞选经理之前，大卫·阿克塞尔罗德是《芝加哥论坛报》的一名记者，在那里他改变自己，成为一名政治战略家。在 2012 年帮助奥巴马连任成功后，他再次改变自己，接受了芝加哥大学政治学院的聘请。

大卫·阿克塞尔罗德在纽约长大，父亲是一名心理学家，母亲是一名新闻记者。1972 年，他来到了芝加哥，成为芝加哥大学的新生，他读的并不是新闻专业。在孩童时期，他看着自己的母亲在不同组织之间斡旋，从她的成功中学习，同时也明白她没有达到应有的高度。

大一过后，他回到纽约应证报社的暑期工。他面试了 70 ~75 家报社，但都没有成功。最后，他说服格林尼治村的一家小报社给了他一个机会。他很热爱这份工作，在那里待了 6 个月，花费了大学 1/4 的时光。他每周的酬劳是 50 美元，最重要的是，在这段他形容为“美妙的学习经历”中，这家报社让他尝试了很多事情，这是他卓越的记者生涯的开端。

从芝加哥大学毕业时，他已形成了一丝不苟而又令人愉悦的写作风格，也养成了严谨求知的作风。随后，他接受了

《芝加哥论坛报》的工作邀请。他在毕业2天后就开始上班，上了2年6个月的夜班。有一次，他花了几天时间做了一份关于总统竞选的报道，他的老板很快就发现了他在报道政治新闻方面的天赋。

因此，1979年，24岁的大卫·阿克塞尔罗德成为新闻史上最年轻的政治记者。凭借这个身份，他与伊利诺伊州的很多政治家都打过交道，除了秀外慧中的简·伯恩——一位民主党的改革者。当时，大卫·阿克塞尔罗德被安排去采访正在竞选芝加哥市市长的简·伯恩。她在1979年成功当选了市长，接着大卫·阿克塞尔罗德的一个同事离开了报社去为她工作，大卫·阿克塞尔罗德正好填补了他的位置。

在以记者的身份采访前议员哈罗德·华盛顿参加芝加哥市市长竞选的新闻时，大卫·阿克塞尔罗德仔细观察了三名候选人——即简·伯恩、理查德·戴利和哈罗德·华盛顿的媒体顾问的工作，这三个人最后都当选了芝加哥市市长。

大卫·阿克塞尔罗德对哈罗德·华盛顿的媒体顾问比尔·齐默尔曼的才华印象深刻，后者在芝加哥长大并获得芝加哥大学博士学位。不过，他当时住在加利福尼亚州，来芝加哥是为了帮哈罗德·华盛顿准备一场新闻发布会。

在这场新闻发布会结束时，大卫·阿克塞尔罗德对比尔·齐默尔曼说："我多么希望我做的是你的工作，而不是我现在做的。"比尔·齐默尔曼表示他愿意与大卫·阿克塞尔罗德共进晚餐并且教他一些事情。吃饭时，比尔·齐默尔曼将自己工作涉及的内容告诉大卫·阿克塞尔罗德，而在晚餐后，大卫·阿克塞尔罗德大概了解了这个职位所需要的东西，也知道了如要从事这个新职业他必须提升的某些技能。

不过，大卫·阿克塞尔罗德同时还要养家糊口。所以，他继续在《芝加哥论坛报》工作，但他对这家报社（其实是整个新闻行业）不再抱有任何幻想。他看到，像美联社这样的通讯社所带来的新闻信息，削减了他在报社中获得提升的机会，他觉得这个行业将会发生巨变。他当时不可能知道互联网会带来怎样的影响，但他感觉到一场变革即将到来。换句话说，人不必看到别人的不祥之兆，他只需看得见自己的忧虑。不久，他有幸参与了保罗·西蒙的竞选活动。一开始，保罗·西蒙是伊利诺伊州南部地区一位臭名昭著的新闻出版家，但是他很快就树立了正直诚实的形象。事实上，他将自己重新塑造为世间少见的好人，一个优雅而诚实的伊利诺伊州议员。在保罗·西蒙竞选末期，大卫·阿克塞尔罗德很自信自己有足够的能力去策划一场竞选活动。于是，他改变自己，开了一家政治顾问公司。

最后，大卫·阿克塞尔罗德认识了身为伊利诺伊州议员的政治家贝拉克·侯赛因·奥巴马。大卫·阿克塞尔罗德和奥巴马很合得来，毫无疑问，大卫·阿克塞尔罗德的才干和努力至少在一定程度上（很可能是在很大程度上）促成了贝拉克·侯赛因·奥巴马当上美国史上第一位黑人总统。

贝拉克·侯赛因·奥巴马邀请大卫·阿克塞尔罗德来白宫当他的政治顾问，这个头衔及其职责本身就是一个重大的改变，这其实与策划竞选活动是不一样的，当然，这与管理自己的政治顾问公司和当一名记者也大不相同。几年后，和预期一样，大卫·阿克塞尔罗德离开了白宫，回到了他的政治顾问公司，帮助贝拉克·侯赛因·奥巴马赢得连任。

其实，大卫·阿克塞尔罗德本可以回到白宫继续工作。如果你拒绝了一份白宫的工作，那么，很难想象你还能在哪里找到比这更高的舞台。大卫·阿克塞尔罗德选择了回到芝加哥大学，这次的身份不再是学生，而是他亲自创建的芝加哥大学政治学院的院长。因此，大卫·阿克塞尔罗德又一次实现了自我改变。

## 军人→创业家→增值型投资家→政治家

尼尔·巴克特是耶路撒冷市市长。在中东地区，政治通常是一个家族事务。

在以色列，巴克特家族没人从事政治。于是，尼尔·巴克特从一个军官到一个杀毒软件公司的老板兼总经理，再到一个增值型投资商，最后到耶路撒冷市市长的转型看起来像是一系列的极大跨越。但是，对尼尔·巴克特而言，每一步、每一次改变都仅仅是为了迎接新挑战而对他的技能的调整和完善。

尼尔·巴克特在军队里学会了两项技能：领导力和风险管理能力。这两项技能都是在无数次的枪林弹雨中锻炼出来的。它们不仅对一名军队指挥官有帮助，对他后来涉足并大放异彩的软件和投资生意也大有助益。

1988 年，尼尔·巴克特和他哥哥埃利·巴克特以及 Yuval Rakavy、Omri Man 一起创立了 BRM 科技公司，他们四个人都是耶路撒冷希伯来大学计算机系的学生。由于他们白天都有自己的工作，所以他们只能在夜晚活动。他们利用晚上的闲暇时间创建了 BRM 科技公司，且经常工作到深夜。

他们在学校的经历是 BRM 演变的原因。当时，学校的电脑被病毒入侵，而他们四个人解决了这个问题，他们由此相信，电脑病毒将普遍成为电脑用户的一个重大威胁，因此，他们编了一个程序来解决这个问题。不久，他们就建立了 BRM 公司，而尼尔·巴克特是公司的领袖。

BRM 没有资金，也没有收入，因而欠债运营，公司面临着破产的威胁。尼尔·巴克特不得不把团队凝聚起来，并不断鼓励他们。他说，这段经历与他 1982 年在黎巴嫩的遭遇很相似。当时，尼尔·巴克特和连长均被敌人的炮火所伤，他们俩肩并肩站在一起继续战斗。后来，连长牺牲了，尼尔·巴克特虽然也受了伤，但不得不临危受命，接过指挥权。

1990 年，BRM 的杀毒软件终于迎来了曙光：来自路易斯安那州巴吞鲁日的第五代系统公司看中了它的产品。这家公司的老板是一位牧师，从来没有和以色列人打过交道，他在寻找一个性能强大的高质量杀毒软件，但是一直没有找到。BRM 的产品正好满足了他的需要，这同时也给 BRM 带来了 100 万美元的收入。这是一笔巨大的金额，足以让尼尔·巴克特和他的搭档辞去白天的工作，将精力集中在 BRM 上。

不久之后，另外一种需求出现了。第五代系统公司需要一个产品来方便客户备份资料，毫无意外地，这位牧师找到了BRM。尼尔·巴克特及其搭档在一个星期五见了这个客户。尼尔·巴克特团队告诉客户，说他们也许能够解决这个问题。事实上，他们知道自己可以快速而高效地做到这一点。不过，精明的他们明白不能当场这么做，因为这样会令他们的方法显得过于简单从而降低牧师对其的估值。于是，他们开完会后就离开了，并故意错过了回以色列的班机，选择在一家汽车旅馆度过了一个漫长的周末。

星期一，他们再次出现在客户的办公室里，声称他们已经解决了这个问题。这是一笔超过 100 万美元的交易，所以他们同时为挣扎中的 BRM 解决了一个更大的难题。鉴于他们之前的成功案例，这次交易相对来说比较容易。

后来，第五代系统公司被大公司赛门铁克收购了。赛门铁克要求 BRM 继续研发新产品，而这对 BRM 的员工来说是一段宝贵的合作关系，不仅是因为短期内资金状况会好转，更是因为这家公司教会了他们很多东西。与赛门铁克合作，BRM 的员工学会了利用强大的用户界面来提升他们的前沿技术，而这也使赛门铁克的产品更受顾客的欢迎。后来证明了这一点对

BRM是无价的。

在取得一些成功之后，BRM管理层开始将公司收益的1/3用来投资其他刚刚创立的公司。BRM一开始的做法类似一个孵化器，但是尼尔·巴克特很快意识到这个做法得不到大家的尊重，难以吸引优秀的创业团队。于是，BRM转向私人股权投资和风险投资，这也让BRM能够筛选出那些可以达到美国高标准的公司。

尼尔·巴克特觉得，BRM管理者的其中一个职能就是指导和激励BRM投资组合中的初创公司的领导者，而并非取代他们。当他还是个军官的时候，他就指导过士兵。在BRM刚开始运营时，他甚至训导过他的搭档。因此，尽管成为一个投资者会有些不同，但他需要做的也仅仅是提升和改变一些技能，而不用替换他的全部技能。

---

## 逐步改进你的技能

尼尔·巴克特利用自己在军队中学到的技能转型成为一个创业家，然后利用创业技能转身变为一个风险投资家，最后利用所有的技能成为一个政治家，这看起来可能不可思议，但其实，这些都不过是他在面对新机遇时集中利用技能的结果。实际上，这和朱尼奥·布里奇曼在 B. F. South 的做法是十分相像的。

---

BRM 资助的第一个公司是 Check Point 公司，这是一个由三个年轻人（他们分别是吉尔·舍伍德、马里乌斯·纳赫特和什洛莫·克莱默）在 1993 年创立的新兴公司。尼尔·巴克特和他的团队对这个行业显然很熟悉，所以除了注入资金，他们还能够指导、鞭策并帮助 Check Point 成长。

Check Point 开发了一项强大的防火墙技术，不过，市场上当时也有其他的防火墙产品。在与赛门铁克的合作中，BRM 团队就已认识到，为 Check Point 产品增加一个充满创意的用户界面会极大地提高它的成功概率。于是，尼尔·巴克特和他的搭档十分积极地跟吉尔·舍伍德及其同事合作，参与了这个用户界面的开发，并取得了他们的同意——耐心等到新用户界面出来后再将产品推入市场。

结果出乎所有人的意料，Check Point 的防火墙一夜成名，直至今天依然是市场的领先者。作为回报，BRM 公司从 Check Point 处获得了可观的少数股东权益。今天，Check Point 的年收入超过 14 亿美元，而股票市值超过 100 亿美元。

后来，尼尔·巴尔卡特决定离开当时在更大程度上已成为一个风投公司的 BRM，把它交到他精明能干的哥哥埃利·巴尔卡特手中。尼尔·巴克特打算加入耶路撒冷当地的慈善组织，他想要帮助改善耶路撒冷的基础教育制度，他也希望把他的家乡建设得更容易招商引资。在那时候，耶路撒冷正经历着严重的商业退化。

很快，尼尔·巴克特就意识到要做的很多事情的主导权都掌控在那些当选的公务员手中，这个想法刺激他去参加了 2003 年的市长竞选。如尼尔·巴克特所说的，他那次落选市长是好事。当时，他获得了 43% 的选票，这说明他有很好的群众基础，如果他再次竞选，则很可能会成功。更重要的是，这次失败使他反思自己的竞选行动。经过反省，他认识到，他没有好好运用在 BRM 那几年学到的东西，也没有利用好他的军队经历教给他的东西。简单来说，他试图改变自己的职业，却没有重新调整及改变自己的技能。

以色列是知名的盛产高科技发明家的地方，然而，想一想这个国家以前是什么样子的，而在尼尔·巴克特的任期内，它的商业环境又发生了哪些改变？在20世纪70年代，当我第一次在以色列做生意时，经常有很多发明家或被公司派遣或主动地找到我。他们每个人都带着自己的创意过来，希望我能帮他们在美国寻找商机，实现他们的梦想。

回到美国后，我会对我认为合适的生意做一下调查。我联系的人都告诉我，他们对这些创意不感兴趣，但是如果它们能够直接用来解决现有问题，而不是还需要创造（发现）问题，他们会很有兴趣。当我把这些话转告那些发明家后，很多人都固执地说："对不起，我认为我的创意是对的。"的确，这样的做法是研究出一个解决方案，然后再去寻找正确的问题，并不是一种有效的方法。

大约10年后，以客户为中心的商业化理论风靡以色列，然后，如今的方法是确定客户的需求，然后再去寻找解决方案。这可能是日新月异的科技发展的结果，它激发了人们找到解决方案的信心。同时，美国式的市场营销理论被引进了以色列的大学课堂，这与互联网一起让以色列人更加明白市场上客户的需求。

尼尔·巴克特运用了他从军队训练和私人股权投资家的经

历中学到的技能和经验——领导能力、销售能力以及人格魅力来解决政治生涯中碰到的问题，但是他也意识到，他同时必须提升自己另外的一些技能并获得新的技能。例如，尼尔·巴克特说，一个军队指挥官的一项重要技能就是迅速调查情况，决定如何以最低的风险去实现目标，并确定哪个人应该做什么。而通过专项训练，他的部队会在他的英明领导下遵循他的命令，执行他布置的任务。在管理 BRM 时，他做的是基本一样的工作，不过其中的风险和后果却截然不同。

当尼尔·巴克特进入政坛时，他没弄清楚在政府机关里面临的挑战与在部队服役、创建 BRM 或者当一个投资家有哪些不同之处。这可能导致了他第一次竞选耶路撒冷市市长的失败。之后，他意识到，和做生意不一样，要在政治上获得成功，他必须采取不同的方法以及使用不一样的技能。

最重要的是，他的选民其实就是他的客户。他需要知道他们想要的是什么，然后他才可以利用他的领导力、管理能力和辅导风投资本家的技能来为他的团队建立起信心，最后他就能得到他想要的结果，他的回头客就会越来越多。在学会这些以后，尼尔·巴克特在 2008 年成功当选了耶路撒冷市市长。

虽然在我采访他时，尼尔·巴克特还没有明确表示是否再竞选连任市长，但我相信他会给他的客户再次选他的机会。这是因为，他一直了解他们的需求，也明白他们想要的与他自己想要的是一致的，他知道自己能做到。后来，他真的参加竞选了，并成功连任市长。

尼尔·巴克特的选民们可能会有些困惑，他们已经习惯了市长就是一个管理者。不过，尼尔·巴克特不是这样的。他不仅仅是一个管理者，还是一个领袖。他的领导力是在战场上获得的，当他的指挥官在他身边牺牲后，他自己虽然也受了伤，但还是当仁不让地站了出来。同样是这种领导力，让他带领他的搭档、BRM 团队和 Check Point 团队做出了正确的事情。

确实，尼尔·巴克特的领导力让我想起沃伦·本尼斯教授说过的话：“管理者做对事情，而领导者则做对的事情。”在从士兵到创业家到投资家再到市长的过程中，尼尔·巴克特的能力随之得到改造和提升。因此，尼尔·巴克特改变了自己，但并没有从根本上改变。他的技能组合改变了，但他的价值观依然不变。

# 第8章

## 企业家什么时候应该放手

对一个创业公司而言，最关键的问题出现在创始人应该把领导权让给一个更合适的人选的时候——将企业推进到改变曲线的下一站。随着公司的改变和发展，它可能不再需要创始人的存在，这种决定普遍发生在公司改革的时候。这种情况对企业的创始人来说往往是极其痛苦的，对公司的董事、股东、员工等人来说也是很不愉快的，毕竟他们也陪着公司度过了最艰难的时期，看着它逐步发展壮大。创始人有理由相信，没有人能够将公司带到现在的高度。

企业的发展会带来更多的员工、门店、办公室、供应商和客户，会面临更大的现金流压力和资金需求，因而会拥有更富有经验的或者更复杂的投资者。而且，如果公司已经上市，它需要满足监管部门和分析师日益增多的要求，企业不能在激烈的竞争中腾飞，它可能更迫切地需要战略性规划。每一个决策都伴随着巨大的风险。当然，通过与大企业合作，也可能拥有更多的发展机会，但合作方的那些高层可能更喜欢与职业经理人打交道。

有可能，那些善于处理这些问题的人更适合处理该公司现在所处的局面。这也是吸引更多潜在投资者，尤其是风投家和银行家等专业投资者的方法。

例如，一个风投家最初做出投资决定的依据是赛马和骑师（赛马指的是商业构思，而骑师则是在比赛中跑第一站的那个对的创业者）。不过，只有拥有一群这样的赛马，才能满足这些风投家的长期兴趣，这不是一个人的比赛，而是一场接力赛。

风投家认为，他们需要另外一个人（职业经理人）在第一接力区尾段接过接力棒并管理该公司直至最后公司上市或者被出售，给了初始投资者一个去除资本的机会，风投家对能够找到这种可以有效接管公司并顺利到达终点线的管理者而感到自豪。

偶尔（虽然很少）会发生这样的情况，即在第一接力区尾段，他们惊讶地发现，除了单纯的创业技能，其实还需具备更多的其他技能。联邦快递的管理者弗雷德·史密斯就是这种情况，他在几十年后依然在成功地管理着这家公司。

有时，恰恰是那些发号施令的人最后把事情搞砸了。一个典型的例子就是史蒂夫·乔布斯——苹果公司的联合创始人，他在 1985 年被董事会辞退了，接任者是约翰·斯卡利。当然，苹果公司的董事会在屡次吃亏后终于承认了错误，将史蒂夫·乔布斯又请了回来。人们都记得史蒂夫·乔布斯是一个杰出而富有远见的人，但其实他同时也是一个真正伟大的管理者。

创始人重新回到公司的例子并不少见，这其中就包括了戴尔电脑公司的迈克尔·戴尔、帕尼拉面包公司的罗恩·萨伊奇、捷威公司的泰德·威特和星巴克公司的霍华德·舒尔茨。有些人在回归后表现出色，另外一些则表现差强人意，而有少数几个还在进步中。比尔·盖茨最近一次回归微软公司领导研发工作与那些以首席执行官身份回归的人是不一样的。当然，没有人知道比尔·盖茨的回归最后会怎样。

我相信，史蒂夫·乔布斯会对纳尔逊·曼德拉的这句话产生共鸣：“回到一个未曾改变的地方，却发现自己已经改变，没有比这更美妙的事了。”

# 霍华德·舒尔茨重塑星巴克

在创始人霍华德·舒尔茨的领导下，星巴克在接力赛的第一接力区尾段已经做好了准备。请记住，这个创始人的过往经历概括起来就只是一个词：销售员。每个人，包括霍华德·舒尔茨自己，都认为他需要别人的帮助。因此，在公司上市前，星巴克聘请了几个能力出众的高管，虽然他们的才能和经验在当时根本不是公司急需的。最初的这个团队包括了戴夫·奥尔森、霍华德·巴哈尔和奥林·史密斯，后来又有强援加盟，其中就有吉姆·唐纳德。

原本就要从这个团队中挑选一个候选者来继承霍华德·舒尔茨，接任首席执行官的职位，因此，当霍华德·舒尔茨在2000年让位给奥林·史密斯时，就完全在人们的意料之中。后者从1990年起担任星巴克的首席财务官，4年后晋升为首席运营官，后来又被任命为首席执行官。霍华德·舒尔茨仍然担任董事长，他的办公室还是在离奥林·史密斯几米远的大厅里。在担任首席运营官的那几年里，奥林·史密斯逐渐了解了霍华德·舒尔茨所建立的价值观和企业文化，明白这两者对星巴克的成功的重要性。

霍华德·舒尔茨很满意所发生的一切，他抽出一些时间来创立了 Maveron，一个专门向初创公司投资的风投公司。霍华德·舒尔茨的知识和经验让 Maveron 有别于其他的风投公司，因为它除了投入资金，还在其他方面带来帮助。Maveron 做了几笔成功的投资，包括 eBay、Drugstore. com、Potbelly、Shutterfly 和 Groupon 等公司。霍华德·舒尔茨还买下了西雅图超音速队，一支当地的 NBA 球队，不过那次投资称不上成功。

然后，奥林·史密斯在 2005 年退休了，把下一个接力区的接力棒交给了吉姆·唐纳德。在接下来的几年时间里，吉姆·唐纳德新开了数以千计的商店，公司的海外业务和授权店业务发展迅速。看起来，星巴克在这场持续的创业接力赛中采用了正确的策略。

但是，到 2007 年时，霍华德·舒尔茨意识到了有些不对劲。那一年年底，他将自己的想法写在一个只供公司有限的几个高层参阅的备忘录里。在备忘录中，霍华德·舒尔茨指出公司正处于危险之中。不知怎么回事，这份备忘录被泄露了出去，很快便在公司广为流传。

在同一时期，世界经济似乎在分崩离析，到处都有很多人失业。大家的退休计划和个人投资大幅减少，而退休人员不得不依靠存款的1%的利息生活。媒体开始怀疑，星巴克的收入减少是否受到了经济衰退的影响。如果是的话，那预示着它的收入会进一步下滑。

是不是人们不再愿意花这么多钱在一杯咖啡上了？在感觉到星巴克的疲软后，麦当劳和唐恩都开始推出咖啡饮品，而且它们声称这是同等的咖啡，但价格比星巴克低很多。更糟糕的是，它们通过投放大量的广告来宣传它们的新产品，而星巴克还在坚持它一直引以为傲的特点——接近于零费用的广告预算。

霍华德·舒尔茨看到，星巴克被嘲笑为在他所描述的“金融危机大灾难及自身错误的共同作用之下”的“盲目扩张的典型例子”。他不知道这场金融危机会有多糟糕，也不知道星巴克所犯的错误有多大，但是他认为这种状况是一场“极大的危机”。

## 霍华德·舒尔茨重新改造星巴克

霍华德·舒尔茨觉得，他应该回到首席执行官的位置上，重新掌权，因为他“知道它错在哪里，只是不知道错了多少”。

霍华德·舒尔茨做了功课，他参观商店，从顾客的角度来观察它们。接着，他采取了一些必要的措施去纠正星巴克存在的问题。比如，他认为自动咖啡机破坏了氛围，剥夺了顾客品尝新鲜调制的咖啡的口感的权利，而且这些咖啡机太高，挡住了客户和咖啡师之间的视线。因而，他要求全体员工重新接受培训，让公司重新回归到一个以人为本的阶段。

他永久性地关闭了500多家分店。他还让所有星巴克店停业一天，更换设备和培训员工。停业的举动也清楚地向新老顾客宣告星巴克在做出改变，不是改成新的东西，而是回到原来的状态。最后，一切改变都起作用了。

---

## 改变并非一定要创造新的东西

霍华德·舒尔茨改变星巴克，重获了他最初带进星巴克的精神（以及灵魂），而正是这些东西让星巴克成其为星巴克。这与吉姆·西内格的热狗案例和查克·施瓦布的回归案例是一样的。

---

在经历了严重的营收下滑后，霍华德·舒尔茨改造了星巴克。顾客开始重新光顾星巴克，他们喜欢现在所看到的一切。霍华德·舒尔茨还收购了专门卖茶饮品的茶瓦纳公司，他再次着手改变星巴克，目标是像他在星巴克门店中的做法一样，铺开茶店以及将茶文化融入公司中。

## 一条绳子上倒挂着的灯泡发出的光

嘉信理财是美国较大的证券经纪公司之一，它在 2012 年的净收入高达 48.8 亿美元。这家公司一共拥有 12500 多名员工。它可能看起来就像是一个普通的大型证券经纪公司，但实际上，它和大多数的这类公司有着本质上的不同。为了弄清楚它们之间的差异以及为何嘉信理财与其他公司看似如此相似，我们必须追溯到公司成立之前的那些年。

查尔斯·施瓦布更愿意被称为查克·施瓦布，可能是为了将自己与那个和他同名的查尔斯王子区分开来，也可能是为了强调他的观点：“只有通过团队的努力，才能真正取得成功。所以，成功并不源于某一个人。”这个绰号看起来更恰当，这是因为终其职业生涯，他一直在为普通的个人投资者而奋斗。尽管他的名字后来出现在福布斯富豪榜上，查克公司的起源却很普通。当他刚刚创业时，他的办公空间极小，而且这个单间的装修极其简陋。一条电线上挂着一个光秃秃的灯泡，不均匀的灯光照射在房间里。

正如霍华德·舒尔茨没有发明咖啡店，汤姆·斯坦伯格没有发明文具店一样，查克·施瓦布也没有发明证券经纪业务。证券经纪业务出现在企业第一次实行职工股份制（这里的企业很有可能指的是东印度公司）之后，并在工业革命之后扩大了它的影响力。在证券经纪业务出现后的这么多年里，它的基础设施——通信、会计学、记账等已发生了很大的变化，但是有些东西却一直保持不变。

证券经纪人的工作就是寻找购买特定股票的买家，接着说服他们卖出这些股票，然后促成了这些股票卖给别人的交易，不管是直接售卖还是通过其他合作的经纪人售卖。每个经纪人收取的佣金比率几乎都是一样的，佣金都很高，它包含了大多数客户一般都不想要或用不着的一系列产品和服务。政府对此不闻不问，这种做法事实上变成了该行业的惯例和既成事实。

1970 年，在我成立律师事务所后，客户中有几个共同基金和证券经纪公司。那时候，如果你在大街上问一个人，他可能会说证券经纪费用打折扣是违法的。我记得当时帮一个客户代理了一笔很大的证券交易，那是在 1971 年，坎托・菲茨杰拉德公司的创始人伯尼・坎托是极少数的几个在没有交易所的协助下以超低折扣的佣金进行大量场外交易的人之一。他仅仅找了一些买家和卖家填写手上的订单就算完成交易。通过绕开交易所，他消除了它对大型交易股票价格的影响。此外，这也让他避免了来自交易所关于佣金比率的压力。

毋庸置疑，在大型交易中，这种折扣看起来是很合理的，而且很多不同类型的市场允许这种批量折扣存在。伯尼・坎托在这方面做得很好，这让他的公司取得了巨大的成功，也使他成为世界上罗丹雕塑的最大个人拥有者。另外，他是一个局外人，所以他的很多交易对那些证券经纪公司没有影响，它们照样日益壮大，而且不允许证券经纪人提供佣金折扣。

这就是查克・施瓦布进入证券经纪行业时的现实情况。对这种情况最好的描述就是一句关于证券经纪人的谚语："顾客的游艇都去哪了?"这暗示着证券经纪人赚取了足够的佣金，买得起游艇，而客户却是买得起小船就已算幸运了。

查克・施瓦布不是一般的经纪人。他毕业于斯坦福大学，并在那里获得了经济学学士学位和MBA学位。查克·施瓦布觉得，他在硅谷的成长经历培养了他对创新的兴趣。不过，或许还有其他的因素。查克·施瓦布说："我那时对股票非常感兴趣，我从13岁或14岁起就一直这样。"

在20多岁的时候，他就开始在一个投资咨询公司做证券分析师。有了这方面的能力之后，他得以和一个证券经纪公司合作。而在这份工作之前，他还做过一份卖人寿保险的暑期工。在这两个职位上，他都不是仅仅完成被分配的任务，而是努力去了解股票、保险和共同基金的销售技巧。他说："我是金融服务方面的好学生。到我24岁时，我就已经很全面地思考这些问题：如何销售金融产品，如何处理证券经纪业务，以及这些行业的产业结构是怎样的。到我25岁时，我就认为证券经纪公司、保险公司和银行其实就是为了它们自己而赚钱，完全没有以客户为中心。"

查克·施瓦布总结说，证券经纪公司、保险公司和银行必然会带来"效率低、产品差、收费标准被垄断"的后果。他明白它们这么做却能成功的原因：①证券经纪人一直都在这么做（同业联盟的惯性太强大）；②投资者对信息尤其是及时的信息缺乏充分的获得渠道，因此在搜索引擎还没出现的时代，他们唯有依赖经纪公司来获取这些信息；③为了保护客户的资金安全，需要建立覆盖很广的、错综复杂的甚至冗长的各种制度，但由于会计和记账制度太过陈旧，导致很难去简化并提高成本效益；④每年都有年轻的新员工涌进来，这“众多的销售员”一般都积极地将金融产品“先卖给自己的家人或者朋友”来赚取经纪公司承诺的高额佣金［由于有最低佣金标准，所以小额交易的成本非常高昂；比较简单的投资（比如共同基金）的先付费用高达 10%，因而普通投资者的负担最重］；⑤证券经纪公司拥有定价的权力，“根据 1792 年通过的《梧桐树协议》，传统的证券经纪公司所提出的‘固定利率结构’”。

查克·施瓦布说：“所有这些固定利率基本上都由同业联盟企业商定，虽然不是官方的同业联盟，但它却起着同样的作用。像普通投资者这样的小人物都面临着这些难以忍受的垄断局面，而且在很多情况下，他们几乎被完全忽视。而你必须拥有一定的财富才可以交易。”

有些事物，像数据处理的引进，在 20 世纪 70 年代初取得了很大的进步，而已 30 多岁的查克·施瓦布，当时已经体验过、研究过、分析过这些系统 10 多年了。他相信，“一定有更好的方法可以用低得多的成本交易或流通股票”。他知道，“以折扣价提供证券经纪服务对我来说是水到渠成的事”。

这两种背景给了查克·施瓦布很大的信心，他认为，首先，他知道作为一个投资者所需的知识；其次，这对他那些在硅谷的朋友和客户来说是佳音。他们认识或者他们自己就是早期推动计算机革命的那些人。我们说的是1974年，而3年后，史蒂夫·乔布斯才发明了第一部台式电脑，即苹果二代。那是一个瞬息万变的时代，那时候，很多公司创立于车库或宿舍里，却在几年后以天文数字般的估值上市了。硅谷人了解情况并能在朋友或熟人的公司发现潜在的商机。毫无疑问，他们比一些坐在纽约办公室里的经纪人更了解那些投资机会，因为后者从来没有见过这些公司的创始人，很可能从未使用过电脑，更不用说明白公司的运营或者哪些新发明会促进公司的发展。

硅谷人是绝不可能接受这么一个证券经纪人的建议的，相反，他们会根据自己掌握的情况，做出自己的判断。这些人并非进行违法的内部交易，他们只不过是了解相关的标的物。查克·施瓦布回忆说：“这些人对很多新兴科技公司（如安培公司和硅谷图形公司）以及许多类似的热门公司很感兴趣，他们都想自行购买这些公司的股票，不需要证券经纪人的协助

(或者说干扰)。客户不想要一系列捆绑在一起的垃圾产品，他们只想进行一笔简单的买卖，因为他们已经了解这些高成长的优质公司。然而，那时候，没有附加条件的交易是不可能实现的。”

查克·施瓦布的客户没有待在公司或家里眼巴巴地等待经纪人的来电，而后者只想卖给他们某一只股票。同时，查克·施瓦布觉得，证券交易的系统本身就像是经纪人在出售的一只股票。即使客户知道自己想要买的是什么，不想被一些坐庄的经纪人强迫着做一些其他事情，例如买 9.5% 佣金的共同基金(在这些交易中，经纪人的佣金很高而且必须先付)，不想被迫买与证券经纪公司有关系的公司的股票，他们也毫无办法。

这里有一个老笑话，说的是一位女士走进一家屠宰店问纽约牛排多少钱，屠夫答：“一磅 10 美元。”女士回道：“这太贵了。”然后去了几条街外的另一家屠宰店。她问了同样的问题，得到的回复是一磅 6 美元。然而，当她说想要 6 块牛排时，屠夫竟然说：“对不起，纽约牛排现在已经卖完了。”有点恼火的她回到第一家店，抱怨说别人卖 6 美元一磅而他却卖 10 美元。屠夫问她为什么不买第二家更便宜的牛排，那女士回答说那家店卖完了。于是，那个屠夫甩出一句：“当我卖完纽约牛排时，我也会卖 6 美元一磅。”

查克·施瓦布的顾客的经历比上面那位女士更糟糕。他们听到的回复就相当于屠夫所说的：“忘掉纽约牛排吧。你应该买脊肉排，因为这更适合你，你会更喜欢。我以 20 美元的低价卖给你。”证券经纪人会说服客户以更高的价格买那些他们不想要的东西。查克·施瓦布的客户一点都不喜欢这种方式，而查克·施瓦布想用合理的价格使他的客户买到想要的东西。于是，1973 年，查克·施瓦布跟他的叔叔借了 10 万美元，创建了 Commander Corp 公司。1 年后，它被改名为“嘉信理财公司”，是美国第一家打折扣的证券经纪公司。

无疑，查克·施瓦布并非第一个看到这个潜在需求以及这个制度的极端不公平的人。但是，他是第一个想出解决方案的人，所以值得我们肯定，他是在对的时间和对的地点出现的那个对的人。第一，硅谷的高科技创业者开始受到媒体的青睐；第二，越来越多的个人投资者，利用他们不断增加的定期积蓄、个人退休金、基欧计划资金以及 1974 年颁布实施的《雇员退休收入保障法案》规定的自管退休计划资金进行投资。

媒体对这些创业者及其企业的报道以及里根总统在候选总统时期和当选总统后对企业者的公开称赞，突出了投资者缺少对一些服务的需求，譬如寻找新兴的前景广阔的公司。同业联盟所做的就是将几种服务——证券交易、咨询服务和分析师的研报捆绑在一起，并名正言顺地收取高额费用。一般而言，将不同的产品捆绑出售给消费者（尽管他们想要的只是其中一种）是非法的，违反了禁止垄断行为的反垄断法律。

在这方面，施乐公司是其中一个著名的例子，它要求早期向它购买复印机的客户只能使用施乐牌复印纸。此外，柯达也曾要求购买柯达菲林的顾客只能使用柯达的胶片冲洗机来显影和打印照片。与这些案例不同的是，证券经纪公司将咨询和分析服务包含在经纪服务中的垄断做法，因为这些都是服务而非有形产品。

查克·施瓦布采取的做法就是拆散捆绑销售，向只想要证券交易经纪服务的买家提供该服务而不再附加其他。此外，他还建立了一个不一样的分销模式，淘汰了那些高薪的销售员。由于查克·施瓦布也节约了其他服务和代理销售员的费用，他成功地打破了价格垄断，因而大幅降低了佣金。在这之前，没有任何人尝试去这么做过。

## 推倒旧秩序，重塑新秩序

从根本上改变一个体系从来都不容易，一般这只能由外部力量推动。到20世纪70年代中期，华尔街已成为资本主义的终极圣地，长久以来，它一直抵制根本性的改变。作为第一个对华尔街动刀的人，查克·施瓦布冒着极大的风险。很多同行都劝他不要这么做，他这么叙述："当时很多人跟我说：'这是一个愚蠢的想法。查克·施瓦布，你不要这么做。人们只会在销售员的鼓动下买股票，他们不会主动去买。'"查克·施瓦布的反对者组成几个阵营。第一个阵营中都是真正为查克·施瓦布的利益着想的朋友，他们不想他受到伤害（这一点有异于霍华德·舒尔茨和玛克辛·克拉克的经历）。第二个阵营中是证券销售员和证券经纪公司的合伙人（当时还没有证券经纪公司上市），他们喜欢这个给他们带来高佣金和高利润的模式，不想查克·施瓦布坏了他们的好事。他们都认为，查克·施瓦布提出的新模式——提供非捆绑式交易服务，宣扬佣金折扣服务，并聘请客户服务员而非销售员来为客户下订单——会以失败告终。

鉴于之前没有人这样做过，你肯定会问查克·施瓦布是如何决定这么做的。他告诉我：“我没有做过多的市场调查，我们只是一个小公司，只知道必须这么做。我知道人们想要这种服务，因为我知道他们跟我并没有什么不同。我想要得到这种服务，所以我猜他们也会这么想。”

假如这是唯一的理由，那就会很危险。很多创业者失败了，因为他们仅仅因为自己想要某一种产品或服务就创立公司进行供应，并没有弄清楚潜在客户真正想要的是什么。但是，在查克·施瓦布的例子里，他通过与硅谷的朋友和客户交流，清楚客户想要的是什么。于是，在创立公司之后，好奇的观众出现了，这些旁观者混杂在顾客当中。他们只是好奇发生了什么事，为什么会有这么多人围观（这是人类在好奇心驱使下做出的自然反应，总是生怕自己错过了什么。）在这种情况下，旁观者很快变成了顾客，而顾客又变成了回头客，成群结队地蜂拥而至，查克·施瓦布欣喜地看到这个数量在不断上升。

虽然查克·施瓦布花了很长时间才证明了他的理念，但是他业务的扩张却十分迅速。他说：“规模不断壮大，客户的数量也不断攀升。一走进我的办公室，你就可以听到一片嗡嗡声，来电的铃声一刻不绝。当你走进办公室，看到这一切，你会非常激动，它就发生在你的身边。我们接到来自全国各地的电话，这真的很有趣。不仅有旧金山的客户，还有全国各地的客户。很多报纸也大量报道了我们，因此我们的理念得到了广泛的宣传，而人们看到后都觉得这个主意很棒。它起步虽小，但正在不断扩张。那时，我们很容易就能带一个潜在投资者来我们的办公室，看一看这里正在发生的一切。”

很难去验证两件事情之间的因果联系，但是很明显，嘉信理财的股票交易量从那时候起就在大幅增加。这是采用佣金折扣做法的功劳吗？还是前面提及的让查克·施瓦布成功推出新模式的客观条件在起作用？也许两者皆而有之，这无疑是它们一起促成的结果。同样，这是导致交易员激增的第一步。我相信，股票交易量的增加有一部分是源于客户对他们经纪人更有信心了。以前，经纪人总是避而不谈他们佣金的金额和依据，更不用说向客户解释了。如今，查克·施瓦布推出了一个新的制度，不可否认，这是他营销策略的一部分。（那时候，嘉信理财每天就是执行交易，其他什么都没干）。新制度的实施带来的是信任度的提升。正如已故美国大法官路易斯·布兰戴斯所说的："阳光据说是最好的一种消毒剂。"我们不难得出结论：查克·施瓦布的成功衍生了一个全新的不相关产业。如果没有他，像 Cool Trade、Prodigio 和 RIZM 等公司可能都不存在。

还有一点，查克·施瓦布是怎么决定如何对简单的买卖交易收费的呢？有什么例子或者先例可供参考吗？例如，大型机构（保险公司、养老基金，大学捐赠基金等）在很多大宗股票交易中经谈判后都会获得较低的佣金收入。经纪人愿意用佣金折扣（其实是返利，也被称为“流动性支付”）来获得大订单，原因有二：一个是显而易见的原因，机构自己做调研，这样可以在没有额外增加工作量的情况下获得更高的佣金收入；另一个是不太明显的原因，证券经纪公司借以提高它们在证券交易所（纽约证券交易所、美国证券交易所、纳斯达克证券交易所）的影响力，因为它们可以从这些大宗交易中收取费用。

查克·施瓦布很清楚，他必须改革招募员工的方式。他不可能聘请那种依靠同业联盟制定的佣金比率来维持高收入的普通证券经纪人。事实上，他根本就不想要他们。相反，他聘请领取固定工资的（没有佣金）客户代表。查克·施瓦布说：“这是一种赢得投资者（即客户）的全然不同的方式。我们以前不曾付过佣金，如今依然没有。我们支付的是工资，我们确实会根据客户服务质量授予奖金，但不计提成。”

为了使这个方法起作用，他必须采取措施，刺激并调整需求的方向。为此，他投放广告，采取公关宣传的方法，并进行口碑营销。最终，这些举措起作用了。随着新闻条目的公关文章在全国范围内发布，客户从全国各地涌来，新开的账户从各地涌入。证券经纪公司的改革开始启动。后来，网上的当日交易（T +0 交易）也成了改革的一部分。而随着不可避免的模仿者的出现，这场改革更加深入，且速度加快。

和几乎所有企业家一样，查克·施瓦布也得筹措资金。他对这场新的冒险之旅充满了激情，一个人必须在开始一个新生意时充满激情，在着手改变一个产业的时候更要如此。通常，创业者会通过展示他们如何富有激情以及向潜在投资者灌输同样的激情来筹资。查克·施瓦布决定不去这么做，他说："我会用数字说话（看，这就是我们至今已取得的成绩）。在我们的客户中，客户的数量和每个客户的成本就是 x 和 y。我想用数学方式来计算如果保留一样的佣金比率的话，那么利润空间会有多大？当然，对会有 10 个客户还是 100 万个，我当时心里一直没底（结果，嘉信理财拥有了接近 1000 万个客户，并且这个数字还在攀升）。"这不是说查克·施瓦布的激情不够，他确实充满了激情，而且投资者也确实想看到创业者带着激情，并保持理智的热情，乐观向上但又严于律己，只有这样他们才会往下谈合作。

基于对客户和整个证券行业的了解，查克·施瓦布开始实行佣金折扣的做法。和很多只求做好分内事的同行不一样，查克·施瓦布很认真地思考怎么做有用，怎么做没用？有些老师、教练还有创业导师经常被年轻的潜在创业者问这几个问题：①当我开始创业前，我是否应该先找一份相关工作来了解这个行业？②如果是的话，那我怎么知道何时可以放弃工作，转而自行创业？

对于第一个问题，最好的答案就是“视情况而定”。有时候，了解一个行业意味着你要做出改变或者思考需要改变的东西。在这种情况下，了解大体会比掌握细节更有用。（你还记得吧，当初汤姆·斯坦伯格不了解办公用品行业，而玛克辛·克拉克也不了解儿童玩具，但是他们对零售和营销都拥有足够的了解，因而他们都给竞争对手构成了很大的威胁。）

大多数人回答以上两个问题的答案都是正确的，但不够充分也不具有建设性。对于第二个问题，他们会说“你到时就会知道”或“视情况而定”。这种回答没有任何帮助，就像我在5岁时问母亲什么时候才可以喝咖啡时得到的答案：“你到时就会知道。”这句话后来证明是正确的，但在当时确实没什么用。

最好的答案是，时间不是唯一的因素，它不取决于你工作多久或者你的职能是什么，尽管这两者多少是相关的。在查克·施瓦布创立 Commander Gorp. 公司时，他才 37 岁，当时很多经纪人都是他的前辈。不过，查克·施瓦布很用心，在所工作过的公司里，他不仅观察公司的薪资等级制度的作用，还观察这些公司的最高层如何决策。他告诉我，他一直观察他的同行是怎么做事的。这与玛克辛·克拉克告诉我的并没有很大的不同，前者在没有做过租赁谈判的情况下商谈铺面租赁，因为他作为玮伦鞋业公司的总裁去过美国每一个商场。他听过他们的法务部谈论过这些事情，而他对此一直很好奇。在耳濡目染中，他获得了足够的知识来做好谈判。这与霍华德·舒尔茨的做法也没有什么不同。霍华德·舒尔茨从没当过咖啡师，也没有经营或开过咖啡店，但是，他投入了很多精力。作为一个优秀的销售员，他记住了他的咖啡设备客户如何经营公司，他们如何满足顾客的需求，以及他们在哪些方面做得不足。而吉姆·西内格的做法就是观察他所在这个行业的人的做法，所以在当时的经济环境令他推迟创立好市多时，他能够安然地度过这段时期。

当大多数证券经纪人在与客户交谈时，他们一直忙着说话（推销），而没有去倾听。作为一名律师，我有点不一样。作为客户的代言人，我能够也确实达到了客户的期望，但是，我通常会通过倾听和观察来提供更有价值的服务。后来，有一个家族企业的客户问我，如何帮助他改善家族内部的沟通情况，如何告诉家族里的每个人哪些该说和哪些该做以及哪些不该说和哪些不该做？我告诉他，我最有价值的交流工具就是我的眼睛和耳朵，而不是嘴巴。对于查克·施瓦布、霍华德·舒尔茨、玛克辛·克拉克和吉姆·西内格来说，也是如此。正如你所读到的，在霍华德·舒尔茨、玛克辛·克拉克和吉姆·西内格遇到不懂的事情时，他们引进了具有不同的背景、经验和专业知识的人来补充自己的不足，而查克·施瓦布也是这么做的。

证券经纪业务普遍被认为是一种将买家和卖家撮合在一起的活动，但它实际上比这更为复杂。从最基本的层面上讲，有两种不同的公共股票市场：①一级市场，公司在这里将股票卖给投资者；②二级市场，投资者在这里将自己所买的股票卖给另外的投资者。在一级市场上，保荐人向所有经纪人做出一些承诺，而公司对自己的概况做出陈述，证券交易委员会审核这些资料以确保没问题，为买家和代理人提供保证。在二级市场上，卖家不是公司，而是那些早些时候从公司或其他投资者那里购买股票的人。关于公司的资讯会定时发布，并不一定在交易期间。在这里，没有保荐人提供任何保证，也没有人做关于现阶段的尽职调查。

## 企业家的持续价值不能总被打折扣

查克·施瓦布做到了旁人难以置信的事情，但是，在此过程中，他遇到了一般情况下难以预料却又无法避免的困难。幸运的是，查克·施瓦布非常机智且经验老到。他预计，随着公司发展，它需要充足的资金才能快速壮大，唯有这么做，它才能做到人有我优，将模仿者甩在身后。大多数人认为，第二轮的融资源于创业者对成功的时间和程度过于乐观。创业者确实受累于这种创业中常见的过度乐观。他们通常会低估了所需的资金。不过，又确实需要第二轮的融资来提供运营资金和投入基础设施建设，尤其是在获得的成功超出了最乐观的预期之后。

1983 年，查克·施瓦布找到了一个当时看来无疑是无限额的资金来源——他的公司成为美国银行的子公司，后来成为美国第二大银行控股公司。发生在查克·施瓦布身上的事在一定程度上类似于爱德华·贝内特·威廉姆斯的经历，后者当时是华盛顿红人队的老板。在新闻发布会上新教练乔治·艾伦时，威廉说："我给了他无限额的预算，但是他现在已经超出预算了。"

查克·施瓦布以大约5500万美元的价格将公司卖给了美国银行。然而，当时双方都经历了一些改变。查克·施瓦布要做两件事：①推出新产品，比如在大范围内发行共同基金股份；②推行新的市场营销模式，包括覆盖面大很多的广告宣传活动。不过，由于银行条例的约束，有些事情查克·施瓦布不能去做。另外，美国银行存在与查克·施瓦布完全无关的问题，其中包括巨额的国际贷款损失。查克·施瓦布说，这导致美国银行"在一些新尝试上管制很严。我想再更深入地发展共同基金，但在美国银行管理人员的控制下，我非常受打击。因此，我提出一个从他们那里回购公司股票的计划，而刚好他们有资金需求。于是，1987年，我们把公司买了回来，重获了我们的自主权。我们付了2.8亿美元给美国银行，而他们当初买下我们的公司时只花了5500万美元。所以，他们赚大了"。

今天，我们很清楚，查克·施瓦布及其支持者也赚到很多钱了。然而，在那个时候，查克·施瓦布说："这是一次巨大的冒险，很多同事都觉得我快疯了。团队中，有很多人非常支持我的决定，他们继续留下来。也有很多人离开了公司，他们认为这么做是错的，觉得我们举债太多，太这个，太那个……不过，他们占少数，所以他们走了没关系。那些留下来的人才是一个真正伟大的团队（我常说：'只有通过团队的努力，才能取得真正的成功。'）"

查克·施瓦布说，回购的融资"在很长时间里都有问题，不过我们后来还是做到了。对我来说，融资最困难的时候是在20世纪80年代，当时整个华尔街都极力反对我们在做的事情。不过，在七八年后，我们证明了自己，从此融资就变得容易很多"。

查克·施瓦布说，1987—2000年，公司"取得了巨大的成功，我们赶上了网络热潮，人人都觉得我们是发展最为迅速的一个网络公司。我们确实是，因而很多人都买了我们公司的股票"。近20年前极力反对查克·施瓦布及其最初想法的交易所如今很满意他的公司股票的销量，更乐于见到嘉信理财公司代理的股票不断高涨的交易量。不过，查克·施瓦布说："竞争随之而来。随着技术的日新月异，竞争者的效率也得到提升。结果就是，在一定程度上，我们的独特变得不那么独特了。”

此时，查克·施瓦布采用了一个更改后的佣金方案。他说：“到 2003 年，我们的平均佣金已大幅下降，但还是太高。我们不得不削减开支，我们不得不缩减很多在之前成功的那些年里增加的开支。到 2004 年，我们不得不重组整个公司，包括更换处于风口浪尖的首席执行官。我们就像喝醉的水手一样乱花钱，佣金看似很高，但很快就降下来了。由于没规划好，我们在努力向客户提供一些不必要的服务。我们扩展太快，成本非常高，而所有这些都必须降下来。”

董事会要求查克·施瓦布回来任职首席执行官，他们一起想方设法削减成本结构。查克·施瓦布告诉我，公司“有太多执行副总裁，产生了大量的基础设施开支和人力成本，公司的架构太大，所有这些都必须改变。这些执行副总裁都必须被剔除”。

站在个人角度看，解雇这些人对查克·施瓦布来说是非常困难的。毕竟，这不是他们的错，他们直至这一刻都是忠诚的员工。查克·施瓦布解释道：“我们没有你们想象的那么残忍，我们做了很多事情，比如说将他们送回学校，给予他们奖学金等。我和妻子拿出了一大笔钱，送他们回到护理学校和师范学校或者去做他们选择的事情。我们尽量做得仁慈一点，但我们必须这么做。改变公司是唯一的出路。为了公司另外的70% 员工和我们的客户，我们必须拯救公司。”

我觉得这有点讽刺，便向查克·施瓦布暗示说嘉信理财演变成了它最初成立来取代的那一类企业，即由于提供高端服务导致自身成本过高而被迫向客户收取高昂的费用的企业。查克·施瓦布同意了这个说法。更麻烦的是，越来越多的模仿者变成了他的竞争对手，他承受着来自模仿者的竞争压力。查克·施瓦布在改变他的公司，不是为了变成一个新的企业，而是为了变回它最初的样子。这一点与霍华德·舒尔茨在 2008 年改变星巴克和吉姆·西内格建立一个热狗工厂的做法很相似。这让查克·施瓦布想起了漫画《波戈》里面的一句不朽名言：“我们遇到的敌人，就是我们自己。”

当然，很多公司在改革时会选择一个新首席执行官或者一个不同类型的首席执行官，比如卡尔森公司就选择了一个非家族成员的首席执行官。但是，嘉信理财认为让查克·施瓦布回来当首席执行官对公司意义重大。“我认为，这是因为我是唯一一个能做到的人。”他说，“不是因为我有多么优秀，而是它好像是我的孩子，只有我才能改造我的孩子，其他人都不行，因为公司里的人会说：‘你不能这么做，因为查克·施瓦布不允许这样的事情发生。’我是唯一一个能在不毁掉公司的前提下得到集体许可去做这种事情的人。”

这一点很重要——即一个公司的创始人也许是唯一一个能得到查克·施瓦布所说的集体许可的人。另外，查克·施瓦布就像霍华德·舒尔茨一样，拥有独一无二的视角，对企业的文化、价值观还有秘密武器都有着高度的灵敏性。

一如霍华德·舒尔茨是在星巴克遭遇 2008 年的失败后唯一能带领它重归正途的人，查克·施瓦布也是唯一一个能将嘉信理财带回正轨的人。在这两个例子中，虽然两个公司以前罕遇竞争对手，但是它们都必须缩减成本和支出来保证公司的竞争力。它们都需要改变企业，但又都必须回到根源。它们的改变并非为了变成新的企业，而是为了从大体上回到最初的样子。霍华德·舒尔茨移走了高高的咖啡机，借此重建顾客和咖啡师之间的亲密关系。查克·施瓦布谈道：“以维持共同价值观为目的的改变。我认为，我们的价值从始至终从来没有真正改变过。当你由于回归根源而处于一个紧张的境况时，有一点十分重要，那就是你拥有一个经过考验的基本价值体系而且你没有偏离它。你要知道，改革要成功，拥有一个你认为与你拥有共同想法和价值观的团队是很关键的。”对于查克·施瓦布而言，这个基本价值观体系体现在他对待客户的方式上。

# 第五部分

# 家族企业和继承悖论

# 第9章

## 含着金汤匙出生的后代：为什么有些人成功有些人沉沦

家族企业并非只有夫妻糖果店。世界上较大的一些公司中绝大部分是家族企业，包括沃尔玛超市、福特汽车、庄臣公司、嘉吉公司、贺曼公司、美国礼品公司、三星公司、阿塞洛米塔尔钢铁集团、嘉露酒庄、SK集团、BMW、现代汽车、盖尔道集团等这些为人所熟知的名字。

家族企业为美国国内生产总值贡献了最大的那一部分。在一些国家，家族企业在该国的国内生产总值中占比高达80%。我的同事约翰·沃德教授的调查以及其他的调查显示，这些家族企业的投资回报率比其他企业高出20%。这听起来很美好。不过，虽然这是准确的数据，但是它并不完整，因为它忽略了一个事实：高达 90% 的家族企业不能成功地传承至第三代。

“富不过三代”，这是一个全世界的家族企业所有者都惧怕的不祥谚语。换言之，当一个成功的企业从父亲或者母亲手里传给他们雄心勃勃的下一代后，将被带到更高的高度，却在第三代的手中走向衰落。这印证了一句老话：“路易十四建立凡尔赛宫，路易十五住在凡尔赛宫，而路易十六却因凡尔赛宫而死。”

祖孙一辈可能缺乏职业道德、意志力、领导力、公平意识或者将家族企业发展壮大的想象力。事实上，前两代可能成功地创造出了自己都无法管理的庞大企业，让第三代将其继续发展壮大就成了一个难以实现的梦想。

---

## 代沟——影响交流的关键因素

我们都听到过这样的指责，说现在的人都喜欢发邮件交流而不喜欢面对面交谈，而年轻一代更是喜欢发短信而不喜欢打电话，所有这些都会破坏良好的交流。然而，良好的沟通对于家族企业来说非常有必要。关于这一点，有一些可怕的预言在流传。我来分享一个私人的故事，它会清楚地指出这个问题：我那十几岁的孙子罗比从不给我打电话，几乎总是发短信。因此，有天晚上大约11点钟，我的手机铃声响起，当我看到来电显示是他的时候，我十分惊讶。我接了电话："罗比，是你吗？你还好吗？"他跟我说："爷爷，我很好。"但是，他的声音听起来有点奇怪。于是，我问他在哪里，他回答说："我在朋友的家里，爷爷，对不起。"他的道歉听起来也很奇怪，所以我再次问他是否一切正常。他说："是的，爷爷，我很好，很抱歉打扰到您了。我本来想打电话给棒约翰比萨店的，不小心按到您的电话了。"

随着点击按键，一封带有机密信息的邮件会被错发给家族成员或者股东，那后果将是致命的。

---

有可能，这个家族有太多主人和雇员，形成了太多的利益集团，导致众口难调。或许，企业因为缺乏领袖或者因为家族没能在领袖的人选上达成共识而走向灭亡。很多时候，真正有潜力的祖孙一辈都更喜欢离开家族企业，独自去外面打天下。

你会觉得，既然家族企业清楚地认识到继承的困境，它们会找到办法将手中的火炬成功地传递下去。然而，事实却是有很多的家族企业沦为“富不过三代”的不幸典型。很多时候，问题在第三代继承企业以前就已经出现了。

---

## 价值观不是病毒，它仅存在于 DNA 中

这本书受访的那些伟大的创业者都是白手起家建立了企业。这并不容易，需要创始人拥有一个积极、独立的价值体系，并将其注入一个快速发展但通常孤注一掷的新企业中。当创业者留在企业时，他们能够不断地提醒他们的同事，告诉他们这些价值观对企业常青的意义。一旦这些创业者离开了，这一切会变得非常困难，尽管企业里有些人还在用心地将这些价值观与企业关联在一起。

在家族企业中，即使创始人离开企业，但他们的价值或多或少都会传承给自己的后代。通常，这些价值观很容易被遗忘，尤其是在没有东西可以用来唤醒人们记忆的时候，这些东西包括故事、传说或者一些有形的过往日志

等。认真看一看下面这首由乔伊·斯柯特和鲍伯·斯图尔特所唱的《镜子》里面的一段歌词，想一想它有什么含义：

这只是一面镜子，在那时对我来说没有什么意义。

这只是一块普通的玻璃，但是，它见证了很多。

几年过去了，好的坏的时光，这就是家族的历史。

每次我望着镜子里面的自己，我看到的不只是我自己。

---

在前面的介绍中你明白了，当机会来临时，我们每个人需要如何做好准备；包括像英特尔这样的企业要如何通过改变实现自我救赎。这些对家族企业来说是一样的，只是情况更为复杂。成功的概率只有 50%。当潜在继承者被限制在家族的人才库里时，人才库的局限性会降低成功的概率，但是家族成员对家族企业发自内心的热情又有它积极的一面。家族企业的存续也要求第三代继承者做好战胜外来挑战的准备。值得一提的是，创始人（当时可能不再管理企业）的离世，会带来不可避免的挑战与难题——遗产税。因此，企业管理才能与家族血

统第三代继承者必须同时兼备，而血液就是最终的流动资产。

为了更好地理解改变一个家族企业的复杂性，我们将企业与该企业的家族比喻为两辆带磁性的遥控玩具车，以此进行说明。两者在相邻的平行车道里竞赛，当一辆车超过另一辆时，相反的磁极相吸；当两辆车靠得太近时，相同的磁极相斥。因此，要在各自的车道上保持最大的同步速度行驶需要很高的灵敏性和技巧。

---

## 特权的感觉：富人后代综合征

尽管有些家族企业的问题源于对孩子的宠溺，但大多数并非如此。在过去几年艰难的商业环境中，孩子们都认识到，继承之路将充满挑战，他们必须向别人证明他们能够克服这些困难。局外人可能会觉得，企业老板的孩子之所以能子承父业，是因为他们都是含着金汤匙出生的，但实际上，只有具有天赋和挥洒汗水才能获得成功。不过，这些孩子普遍都有富人后代综合征。而且，和在商业中一样，有些人会反省自己，因而比其他人处理得更好。在

20世纪60年代，关于肯尼迪总统的新闻报道有很大部分同时提到了肯尼迪家族。他们被认为是一个王朝。

肯尼迪总统被刺杀的时候，我正在法学院就读。他的弟弟罗伯特·肯尼迪——美国的司法部部长，来到了我们的学校，有些人希望他能成为下一任总统。他首先跟学生进行了非正式会面。在拥挤的会议室里，他意外地和找不到座位的我们一起坐在了地板上。接着，他在礼堂给全体教职员工、校友和学生发表了一场正式的演讲。他说，从法学院毕业后，他就去了位于华盛顿的司法部工作。他强调了他是如何努力工作的，每天都是第一个来最后一个走。他接着说："现在我成为美国的司法部部长，这证明了，只要你努力工作，你可以达到任何高度。"

---

## 伟大的领导者经常威吓他们的后代

许多创始人对企业的控制如此之强，以致他们的孩子甚至孙子都感到畏惧。他们的后代见证了他们的成就、直觉、知识、专长和他们在世界上享有的地位。他们无意中的一举一动都令人感到敬畏。他们的孩子——第一梯队的法定继承人，可能会受之所困，不愿接过权杖，这些法定继承人会说："我父亲是一位巨人。我心里清楚自己接替不了他的位置，所以我甚至不想去尝试。"当创始人是一位母亲时，情况也会是一样的。

当然，有些企业的法定继承人不会望而却步。他们认识到，他们并不是跟自己的父亲直接竞争，父亲创建公司需要的才能与进一步发展企业的能力有很大不同。不过，另外一些法定继承人则培养了其他方面的技能，这无助于解决继承的问题，不过它对于抗拒继承父业的子女来说却是最好的选择。通常，在这种情况下，这些孩子必须克服自己的心理障碍，因为他们觉得，离开家族企业另行寻找工作代表着失败，或者表示他们不愿意承担家族责任。这其实并不是事实，但是，当大家的期望在数十年间不断加深时，它又似乎是这样的。然后，过激的反应又会使问题更加恶化。很多父母都告诉他们的孩子：他们可以成为他们想成为的任何人，但不管做什么，都要把它做好。在接下来的几章中，你会在一些案例中重复看到这种情况。然而，从一些不相关的交谈和肢体语言中反映出来的一些隐含信息，可能会发出或者被视作发出要求忠于家族的混杂信号。

为了弄清楚在家族企业中创造新途径和走不同的路径的性质和原因，我在这里分享一些杰出家族的故事，我有幸通过私人的交谈对这些家族的成员有所了解。他们有查尔斯·布隆夫曼和史蒂芬·布隆夫曼杰（施格兰集团），莱斯特·克朗、史蒂夫·克朗和吉姆·克朗（亨利克朗公司、通用动力公司），杰伊·普利兹克和汤姆·普利兹克（凯悦酒店集团），J. B. 普利兹克（普利兹克集团、新世界集团），玛里琳·卡尔森·纳尔逊、戴安娜·纳尔逊和温蒂·纳尔逊（卡尔森控股，包括丽笙酒店和 TGIFridays 饭店），琳达·约翰逊·赖斯、黛泽丽·罗杰斯和谢丽尔·梅伯里·麦基萨克（约翰逊出版公司，包括《私人飞机》和《黑檀》杂志）。

我从他们身上获得了很多有价值的素材，同时，我也通过其他渠道（包括私人的和公开的）获取信息。我对有关上述家族企业或公司的章节进行分类，汇总在本书的第五部分中。毫无疑问，所有家族企业都是从创业者通过自我改变创立企业开始，并由企业者或继承人多次改变企业才走到今天。

每个企业都带着创业者的基因，当企业的管理权和所有权从创始人手中传递到陌生人手中时，这个基因就被稀释了。在动物世界中，基因的稀释会增强血统，通常会创造出奇异的美丽，降低对遗传性疾病的敏感性。这样的事情一样发生在企业身上。很难想象还有比托马斯·阿尔瓦·爱迪生更强大的创始人 DNA。但是，谁能保证他创立的公司（如今的美国通用电气公司）没有从数十年的 DNA 稀释中获得正能量呢？

不过，当创业者将公司或企业传承给自己的家族成员时，每一次基因稀释的性质和程度都是不一样的。结果不仅取决于他们的创立者和继承者，同时也取决于家族中那些不在公司或企业里任职的家人。并不是说这样更好或者更差，但它的确更复杂，因此，对家族企业最好具体情况具体分析。

在《安娜·卡列尼娜》的开篇，列夫·托尔斯泰这样写道："幸福的家庭都是相似的，不幸的家庭各有各的不幸。"在下面我分享的家族企业例子中，每个家族都努力用自己独特的方式来实现成功的继承，它们都为其他家族提供了宝贵的经验和教训。

# 第 10 章

## 亨利·克朗上校：留给后代的长阴影

在第一次世界大战末期，亨利·克朗 23 岁。他只读到了 8 年级，但他对打工没有一点兴趣。凭着自己的机智和才干，他成功借了 1 万美元作为创业资金，成立了 Material Service 公司。1919 年，公司成立的第一年，销售额高达 21.8 万美元（这个数字在当时无疑已非常可观），盈利 7000 美元。公司飞速发展，很快成为芝加哥的核心企业。

在第二次世界大战期间，亨利·克朗——一个爱国主义者，以 45 岁的“高龄”加入了美国军队。为了通过视力检查，他记住了视力检查表的内容，以此来掩饰自己的弱视；为了通过听诊测试，他用说话来掩盖自己心脏的杂音。他从没在生意中撒过谎，但那一次他撒谎了，为的是他能为深爱的祖国效力。在了解到他是一个著名商人后，部队任命他担任五大湖区工程兵团采购处的主管。亨利·克朗辞掉了 Material Service 公司的总裁职位。他坚持认为，所有的公司都不应该成为军队的供应商。然后，他说服军队的供应商给予折扣，为他的国家节约了上千万美元。在军队中，亨利·克朗培养了新技能，这些技能对他以后在生意上的发展帮助非常大。他以上校的身份退役了，从那以后，尽管他在商界享有盛誉和拥有巨额财富，但他总是被称作“亨利·克朗上校”，除了在家中更显尊敬之意的“爸爸”和“爷爷”的称呼，这是他最喜欢的头衔。

30 年过后，Material Service 公司的卡车随处可见，为芝加哥战后建设的繁荣奠定了基础，公司的利润极高。由于公司不需要那么多现金，因此亨利·克朗将其分配到房地产上和进行其他投资。毕竟，他的公司为大型建筑地基供应材料，所以他比大多数人更能看到在芝加哥战后房地产繁荣中先发制人的价值。1954 年，亨利·克朗拿下了纽约标志性建筑帝国大厦这个项目，这是他中西部发展战略的一部分。当时，他已经是一名生意蒸蒸日上的房地产商人。不过，亨利·克朗家族业务的核心和生金蛋的母鸡依然是 Material Service 公司。

在那个时代生活过的每个芝加哥人都还记得那些红黄相间

的水泥搅拌车。亨利·克朗上校的孙子吉姆·克朗还记得他在看到 Material Service 公司的卡车在大街上隆隆驶过的那份自豪感，家族的每个成员都享有这份自豪感，但没有任何人比亨利·克朗上校来得深厚。在这个以 1 万美元贷款创建的极其成功的公司之中，亨利·克朗上校绝对是至高无上的王者。

因此，当他在 1959 年将 Material Service 公司并入美国十分成功的航空航天公司——通用动力公司并成为其最大股东时，人们都大为惊讶。后来，通用动力公司研发出了 F－16 战斗机和 F－111 拦截机。

作为第二次世界大战期间美国军队的采购官员，亨利·克朗上校认识到，国防事业和建筑业有着不一样的商业周期。他不必等到艾森豪威尔总统在大约 6 年后发表告别演说就明白了这一点。当时，即将离任的总统先生预测，军事工业复合体将在“二战”后的世界军事行动中繁荣昌盛。

他去世的时候只留下一栋很小的房子，因为他把大部分的财产都分给了他的家人和用于慈善事业。当他于 1990 年去世时，他将领导权顺利交给了他的儿子莱斯特·克朗和他弟弟欧文·克朗的女婿科基·古德曼。（亨利·克朗上校的大儿子鲍勃·克朗是第二代的真正领导人。他在 1946 年从海军退役后马上就进入了家族企业，并很快成为他父亲的左右手。鲍勃·克朗一直在辅佐他父亲，直到1969年由于心脏病发作被家族剥夺了领导权。）

每个摄影师都知道，一个人造光源能投射出完全不同的阴影，这取决于光源是直接聚焦在物体上，还是同时分散照射在主要目标和其他物体上。对于家族企业而言，同样如此。受创始人影响程度的不同并不仅仅体现在第二代继承人身上。

一个商业巨头对自己的孩子影响很大，而对其他家族成员则通常并不明显。但是，一旦被指明，其他人就比较容易追随。不过，对孙子一辈来说，就算被指明，也是难以追随的。

莱斯特·克朗（和科基·古德曼一起）带领他父亲创立的家族企业成功地获得了匹敌甚至超过他父亲的成就。在莱斯特·克朗的领导下，家族财富获得了相当可观的增长。不过，有些事情并没有改变。这个家族不仅继续致力于他们社区的慈善事业，还延续了他们的文化价值和一贯做法，即通过这类贡献来怀念父辈和祖辈。

很显然，莱斯特·克朗在亨利·克朗上校去世后掌控了局势，而每一个进入家族企业的人都很快了解公司以之命名的那个人。办公楼到处贴满了纪念品和照片，包括一张亨利·克朗上校穿着制服的大照片。有人可能会认为这些纪念品和照片会给莱斯特·克朗及他的孩子留下挥之不去的阴影。

## 要尊敬父母亲，那就出去找份工作：年轻的史蒂夫·克朗为求改变“离家出走”

莱斯特·克朗谨记着“富不过三代”的警告，所以他决定不让自己影响到他的孩子，进而影响到他的孙子一辈。莱斯特·克朗小心翼翼地计划着家族企业的未来。他做了很多努力，比如向其他成功的家族企业请教，在商业领袖谈及他们家族企业的问题和解决方案时仔细倾听。而且，他对怎么以最佳方式解决这些问题想了很多。于是，当他的大儿子史蒂夫·克朗打算进入家族企业时，莱斯特·克朗已经做好了准备，他让史蒂夫·克朗在远离总部的家族船舶公司中工作。作为一位仁慈的父亲和一个英明的商人，莱斯特·克朗让史蒂夫·克朗向一个能干但不是家族成员的高管汇报工作。

莱斯特·克朗明白，不管自己的儿子多有天分和多能干，他始终还是会有一点富二代综合征。如果他要求儿子和他一起出席一些重要的会议，那些在公司努力工作多年的非家族员工可能会产生忌妒的心理，而这是莱斯特·克朗从亨利·克朗那里学到的。

莱斯特·克朗试图改变公司以适应家族的继承计划。这么做意味着他明智地意识到改变必须同时顾及家族和企业，做到两全其美。莱斯特·克朗在想，带史蒂夫·克朗那个高层毫无疑问会在不偏袒的情况下教他做事。然而，这么做没用，史蒂夫·克朗还是离开了公司。我接着和大家分享的莱斯特·克朗和史蒂夫·克朗的故事展示了失败的原因，以及他们避开“富不过三代”的诅咒的做法。

从基层做起，莱斯特·克朗的方法表面上看起来非常英明。他深思熟虑、体贴入微、小心谨慎地尽量避免史蒂夫·克朗有任何行差踏错的机会，影响他融入家族企业中。然而，莱斯特·克朗还是失败了，下面我们深入剖析其中的原因。

当史蒂夫·克朗在公司工作一段时间后，他来到莱斯特·克朗面前，说他要离开公司，莱斯特·克朗感到非常震惊。莱斯特·克朗问他：“为什么？你不喜欢你做的事情吗？难道你没有学到东西吗？”这是他从心底冒出来的疑问，毕竟这是他的长子。因为莱斯特·克朗自己是被父亲带进公司的，所以他也希望把儿子带进来。他没有强迫史蒂夫·克朗加入公司，但他依旧期盼这样。莱斯特·克朗一直很小心地避免出错。

史蒂夫·克朗安慰父亲说，自己的工作很好，很值得去做。他解释说，他要离开是因为这里的人对他实在太好了，以至于如果他留下来，他将永远都没有机会尝试失败的滋味。

莱斯特·克朗回忆说："因为这是家族企业，总有人会接过本应由史蒂夫·克朗做的事。"正如我所想，史蒂夫·克朗的回忆更加具体一点。他离开是因为他想有机会在没有安全网的保护下去面对失败，去解决问题，去考验自己。他当时觉得一直有人在背后保护着他。

史蒂夫·克朗跟别人感觉的不一样，他称之为"有点过于平等"。这让人先想起乔治·奥威尔的《动物庄园》一书，其中有些动物被认为"比其他动物更平等"。史蒂夫·克朗并不喜欢这样。这让他觉得尴尬，它剥夺了他成长和增值的机会，这并不光彩。长此以往，他如何能够成为像他爸爸、大伯和祖父那样的大人物？这是德国建筑师密斯·凡·德·罗的座右铭"少就是多"的倒置。对于史蒂夫·克朗而言，这些不请自来的帮助变成了"多就是少"。

史蒂夫·克朗回忆说，在他写了一份报告之后，那些更有经验的同事会修改其中的内容和格式，然后再以史蒂夫·克朗的名义递交上去。这并不是队员各司其职且共享荣誉的同心协力之作。

对于自己提交的方案，没有人对其指出错误及修改意见。史蒂夫·克朗回忆说："人们把我视为神圣不可侵犯，是特殊人物。这很尴尬，我不想被这样对待，这也不是我父亲想看到的情形。"

此外，他不想成为公司的无用之人。他想承担起他应该承担的责任，不用去做那些不应该由他做的事。这种处境很艰难，他想跟其他员工一样被正常对待。

鉴于通用动力公司的巨大成功和克朗家族因此积累的巨额财富，尽管莱斯特·克朗很尊敬并忠实于亨利·克朗上校所创建的文化，他还是告诉史蒂夫·克朗：假如有任何事物需要修复或者改变，那应该由史蒂夫·克朗去做，而非公司。

莱斯特·克朗是这么说的，但是，聪明的他也知道在这个问题上最好不要太过激进。因此，他尝试着引导这个过程，并让史蒂夫·克朗不用向他或其他家族成员汇报工作。然而，这个最佳计划还是差强人意。这个计划的失败根源不在于不够努力做好事情，而在于不能够认识到一些自然的人类行为：第一，没有一个员工愿意对老板说他的儿子不够完美；第二，每个受命指导老板儿子工作的员工都知道，这个学生有朝一日会成为他的老板。

---

## 家庭因素改变游戏规则

有一个关于军队上尉和他信任的中士的典故。这个中士一直以来都能出色地完成上尉发出的作战命令。有一天，上尉让他去通知二等兵舒尔茨他母亲去世的消息。该中士让所有士兵站成一排，然后发出命令："你们当中谁的母亲还在世的，向前走一步……不要这么快，舒尔茨。"

虽然这个中士在战场中能像上尉自己一样发出上尉的指令，但是，当涉及家庭因素时，这么做就大错特错了。同理，莱斯特·克朗挑选的那个忠诚的高层虽然在一般情况下能做到像莱斯特那样去管理他的部门，却不能像莱斯特·克朗所期望的那样去对待史蒂夫·克朗，因为这中间有了家庭因素的介入。

---

所以，史蒂夫·克朗真的离开了家族企业。他去了位于西海岸的一家独立公司工作。在那里，他获得了很多经验，也变得更加成熟。他的老板很欣赏史蒂夫·克朗的重要付出，这树立了他的信心，也提高了他在家族中的威信。

最后，史蒂夫·克朗开始考虑回到芝加哥，重新进入家族企业。他知道，他更喜欢在芝加哥定居下来，因为他的家族在那里建立了很深的根基，生意遍布这座城市的每个角落。他祖父克朗上校为了他的回归已经筹备多年了，史蒂夫·克朗希望自己有机会跟祖父和父亲一起工作，向他们学习，这种渴望很有可能也源于他对早些年经历的回忆。

他的弟弟吉姆·克朗向他描述了他们的父亲如何在礼拜六带他们去办公室，然后告诉他们："你们应该去拜访一下你们的祖父。"亨利·克朗很喜欢他的孙子去看望他，甚至还邀请他们在工作会议中旁听，这些孩子也很喜欢去拜访他们的祖父。

亨利·克朗上校的记性超群，他与这些小男孩分享他是如何成为帝国大厦的主人的，或者他为何没有成为联合国总部所在大楼的所有者。有时候是一些关于人的故事，比如他怎么观察一个人的举止，并从对方行动中知道是否可以信任那个人。

还告诉自己的孙子他如何重视合作关系和友谊，例如，当他急需贷款时，他会去银行，交给银行职员一个密封信封，里面装着他当时能交给银行的所有抵押物。1 年后，当他回到银行偿还贷款时，银行职员将那个信封还给他，而信封竟然一直没有被打开过。

当这些孩子被邀请在工作会议中旁听时，亨利·克朗上校会通过一个故事来表达会议的主题。会议过后，他会讲更多的故事来确定这些孩子明白刚刚发生的事情，向他们传授重要的经验。这些故事包含了对他们的家族及其企业至关重要的价值观，也给史蒂夫·克朗和吉姆·克朗上了重要的人生课程。亨利·克朗所做的一切都是为了培养孩子们将来对家族企业的兴趣，无论是作为直接积极的参与者还是被动的所有者。

## 这个补偿机制能保证基业常青吗

亨利·克朗上校和莱斯特·克朗通过塑造这些小男孩的性格来使他们适应公司，这样的话，就没有必要彻底改变家族企业来适应这些继承者。一直以来，上述价值观对克朗家族都十分重要，对其他家族企业也常常如此。

从通用动力公司的补偿机制中，我们可以清楚地看到这些价值观是如何维持的。根据这个机制，每个家族成员可以得到一样的补偿，一个相对适中的金额。不管他们在公司工作了多久，不管他们的教育水平或者刚进公司时的经验如何，不管他们的职位和职能是什么，甚至不管他们为公司带来的价值有多大，所有人得到的补偿金额都一样。

他们承认，能这么做事是很幸运的，因为所有家族成员都能从投资和分红中获得可观的收入。不管他们是在家族企业中工作，还是另谋发展，或者根本没有工作，他们都生活得很好，并且会继续保持。

所以，克朗家族的成员不是为了谋生才在家族企业中上班。他们在那里工作是因为热爱自己所做的事情，因为他们享受工作所带来的挑战和成就感，更因为这么做对整个家族有利。这种补偿机制在其他家族也许行不通，但在克朗家族却十分有效，这是家族文化和价值观的一部分。因此，史蒂夫·克朗的离开和回归都和薪酬无关。

---

## 不要让你的后代陷入困境而没有依仗

企业有它的价值观，家庭也有它的价值观，而家族企业则应同时拥有两者。

你必须决定你要传递什么价值观给你的后代，你也必须意识到，如果没有结实的承载体，这些价值观就不能代代相传。找到一个机制、一种技术，或者其他任何能够提醒你的后代关于家族价值观的东西，让他们能代代相传下去。

---

这一次，史蒂夫·克朗知道，他的回归之旅会比以前更加顺利。尽管莱斯特·克朗提出了关于谁来改变的告诫，公司的流程（或者说公司在家族成员招聘方面的具体内容）已被改革来确保史蒂夫·克朗的顺利过渡。事实上，这种改变本身是一个持续的过程，因为克朗家族认识到每一代人都有不同的需求。因此，如果要保证能用动力公司的持续性，就必须做出持续性的改变。在第四代成员加入家族企业的预期下，已经着手

制定新的改革大计。

除此之外，史蒂夫·克朗明白，他自己也已经改变。他提升了旧的技能，获得了一些新技能。他的自信心和威信都增强了，他确信他能帮助企业更加顺利地发展。他也感觉到了在家族企业工作的一种责任感，这不是一种义务，没有人强迫他这么做。这当然也不是为了金钱。这是一种源自家族价值观体系的责任感。结果证明了，他的回归十分成功地帮助家族制定出新的更好的流程，为下一代家族成员加入公司做好了准备。

# 第 11 章

## 改变的时代需要新技能

在每个公司里，自我、贪婪以及其他情绪在交接时期会变得明显，但是，通过严明纪律、良好管理和充分理解（家族成员必须明白，对家族企业有利，最后才对所有人都有利）可以解决这些问题。最终，创业者必须往前走。有些人会出售自己的企业，结束它的存在，有些人选择保留所有权，并可能在董事会中留有一个席位，不过，大部分的人还是希望将企业的领导权传递给他们的家人。

当创业者选择把领导权传给自己的孩子时，有几个情况需要考虑，其中包括情绪问题和家庭问题。这些新因素可能不利于企业的发展，它们往往会相互冲突，就像平行轨道上的遥控磁性玩具车一样冲向彼此，互相碰撞或被迫驶离轨道。如果创业者准备退下来，那么这个家族企业可能有两条路走：选择一个家庭成员继任首席执行官或者选择一个外人出任首席执行官。无论选择哪一种，都有许多的情感因素要考虑，也有很多负面的因素在起作用。这些因素会减缓甚至阻止变革的规划和执行，有可能会引发灾难性的后果。

关于家族企业的继承问题，我们可以从约翰逊出版公司的案例中获得一些重要的教训。

## 琳达·约翰逊·赖斯

当约翰·约翰逊和他的妻子尤尼斯在 1942 年创立约翰逊出版公司的时候，他们其实在创建一个全新的细分行业。当时，约翰·约翰逊看到，市面上根本没有非洲裔美国人感兴趣的出版物。但是，非洲裔美国人群体的购买能力却在不断增长。毫无疑问，广告商想接近这个群体，他们可能更愿意通过出版专门面向非洲裔美国人的出版物来达到这个目的。于是，约翰·约翰逊创建了《黑檀》和《私人飞机》这两本杂志。同时，约翰·约翰逊还在毫无关联的行业中创建了其他公司。

他觉得，他的读者会成为化妆品和私人定制的旅行的忠实客户。

约翰逊夫妇的时机选择、战略和执行能力是无可挑剔的，他们的成功远远地超出了他们自己的想象，变成一股强大的商业、社会和政治力量，而反过来他们又泰然自若地对此加以利用。

约翰·约翰逊的女儿琳达·约翰逊·赖斯很早就开始接触家族企业的业务。她总是待在公司，观察并学习如何把事情做好。她经常跟她父亲一起在高层会议中旁听，她说她有种拜在大师的脚下学习的感觉。

直到琳达·约翰逊·赖斯去加利福尼亚上大学之前，家里的晚餐一直就像一个论坛，她在旁边听着她父母与客人讨论商业、社会和政治问题。在南加州大学获得通信和新闻学学士学位以及在西北大学凯洛格商学院获得 MBA 学位后，她回到家族企业上班。约翰·约翰逊相信，琳达·约翰逊·赖斯具有很高的天赋，了解这个企业，而且明白他的感受，知道他想要些什么。

约翰·约翰逊敏感地意识到，家族企业的继承可能会引发矛盾。在他准备好交出权杖时，有一些员工已经在公司工作了

40 年。这些员工看着琳达·约翰逊·赖斯长大，而突然之间，这个曾经的小女孩要成为他们的老板了。因此，约翰·约翰逊采取了一个明智的举动，给了他的员工一个提醒："我将琳达·约翰逊·赖斯提升到这个职位，她将是公司的副总裁，然后她会成为总裁并最后成为首席执行官。所以，不要越过她做决定。如果她决定了，你们就不能绕过她来找我。"

在改变不可避免地要发生时，他这么做能够让每个人都知道他的想法，达到他想要的目的。他把压力全部揽了过来，让琳达·约翰逊·赖斯以后不用为此事而分心。对约翰·约翰逊来说，这么做并不容易。

他对琳达·约翰逊·赖斯很有信心，他也知道琳达·约翰逊·赖斯在做重大决定之前一般都会跟他商量。但更重要的是，他在演习，因为对公司的员工而言，琳达·约翰逊·赖斯被"钦点"将是一个巨大的变化。当琳达·约翰逊·赖斯接替约翰·约翰逊的那一天到来时，他知道这将彻底改变公司。

约翰逊出版公司一直专注于非洲裔美国人这个独特的群体，而在过去的 10 年或 20 年中，所有杂志的出版都面临着巨大的挑战。许多著名的杂志，比如《看客》《生活》和《新闻周刊》都消失了。大多数幸存者的规模都缩小很多，不断减少的广告收入威胁着它们的生存。互联网的出现引进了电子刊物。同时，有线电视也是一个可怕的对手。

《黑檀》和《私人飞机》也不能幸免。琳达·约翰逊·赖斯说：我意识到我们整个企业的文化和整个媒体行业的大环境改变了。当2008年到来的时候，所有东西都会从悬崖上往下掉，那对我们的企业来说是很艰难的一段时期，我意识到我需要不同的技能才能让我们的企业前进。

琳达·约翰逊·赖斯也很清楚，公司"现在已发展壮大，一个人很难再顾得过来了"。琳达·约翰逊·赖斯感觉到："《黑檀》和《私人飞机》可能不只是印刷版本（与电子版相关），因为我们比其他所有人都清楚自己的问题所在。我们在讲述着我们自己的故事。我们是非洲裔美国人的过去、现在和将来经历的管理者。"但是，未来比以前更难预测，这又是一个新的挑战。

甚至，运营也已发生了变化。约翰逊出版公司自己处理杂志的订阅工作。琳达·约翰逊·赖斯解释说："我们以前经常有一整个团队待在一层楼中，他们不做任何事情，就只对着电脑输入订阅的信息。我想我们应该有50个人在做这项工作，因为我们自己负责接单。然而，后来，这种做法变得毫无效率可言，根本不利于节约成本……一句话，这根本行不通。”

琳达·约翰逊·赖斯提到的一层楼涉及她面临的另一个挑战：约翰逊出版大厦。1972 年，约翰·约翰逊建了一栋大楼，里面有足够大的空间来容纳整个公司的员工（根据他创业时的乐观估计）。不过，远远不止于此，他建立了一个商务宫殿。这栋宏伟的建筑物顶部挂着一个大招牌，写着“约翰逊出版公司”。它旨在向分界线两边的社区传递一个信息，而它确实做到了。这栋大厦一直是约翰·约翰逊的骄傲。然而，在这个日益狭隘的传媒世界里，他的公司将不再能够负担得起这栋办公楼。为了将来的生存之计，约翰逊公司不得已搬进向别人租来的办公大楼里。

经过与充血性心力衰竭病的几年斗争后，约翰·约翰逊于 2005 年去世了，而他的妻子也在 2010 年与世长辞。尽管琳达·约翰逊·赖斯当时已经身为首席执行官，她父亲的死对公司依然是一个巨大的打击。琳达·约翰逊·赖斯回忆说：“当我父亲离世时，公司里有很多人都感到难以置信……他们就像失去了自己的父亲一样悲痛。这是因为他们深深地觉得自己已是公司的一部分，就像公司也是他们的一部分一样。”

这种事情还发生在琳达·约翰逊·赖斯面对出版行业挑战

的时候，当时，印刷媒体惨遭蹂躏，导致约翰逊出版公司不得不进行裁员，甚至卖掉引以为傲的大厦，迁移办公点。面对要么变化要么消亡的恶劣局面，琳达·约翰逊·赖斯没有退缩，反而站出来引领这场变革，她把大厦卖掉了。这是个艰难的抉择，她回想道："这简直要了我的命，它最后成了历史。我知道，我的父亲要是知道的话在坟墓里都会辗转反侧。"不过，琳达·约翰逊·赖斯又这样想："好吧，你可以这样来看待这件事情，你想保留大厦抑或你的企业，哪一个最重要？没办法，为了留住企业，只能对大厦说再见。"

出于对父亲的尊重，她把大厦卖给了当地的哥伦比亚学院，这所学校侧重于新闻、通信、科技和时尚，所有这些都与约翰·约翰逊生前从事的工作相关。该学校同意维持与约翰·约翰逊有关的事物，保留标志性的标识，保存约翰·约翰逊的办公室供公众参观。琳达·约翰逊·赖斯保存了一份积极的永久纪念。

琳达·约翰逊·赖斯迈出的最艰难一步就是把订阅部门现代化。这会导致几十个人被裁员，尤其是那些已经在这里工作了几十年的老员工。这是一个痛苦的抉择，琳达·约翰逊·赖斯在父亲去世前才刚刚与其商量过这件事情。她的父亲对她说："我不能让这些员工离开公司，我永远都做不到。这些员工帮我建立了我的企业，他们已经在这里工作了 40 多年，做着同样的工作。"琳达·约翰逊·赖斯理解这一点，她也很尊重他们，但是，这是她的工作。最后，她把这件事情处理得很仁慈并顾及了他人的尊严，因为她想让他们以这样的方式离开公司。她把所有人都召集在一起，给他们发出了解聘的通知。

她还与他们每一个人见面并进行单独谈话。虽然这么做十分艰难，但是她依然去做了，因为她从出生起就认识他们了。后来她知道，大多数人都已经预料到了这个结局，但这并没有让这件事情变得简单。

"爸爸是一个伟大的企业家和商人。"琳达·约翰逊·赖斯说，"但是时代已经改变，企业也必须做出改变。"所有这些对琳达·约翰逊·赖斯来说并不容易，但是，她明白今天的出版行业面临的巨大压力和挑战。琳达·约翰逊·赖斯想方设法在拥抱未来（科技）的同时保存公司的价值观（即他们是非洲裔美国人的过去、现在和将来经历的管理者）。

## 忠于错的人即是不忠于对的人

家族企业和创业者一般都极度忠诚。毕竟，你怎么可能不忠于信任你并在企业起步时冒险追随你的人呢？琳达·约翰逊·赖斯遇到了一个常见的涉及整整一层楼的订阅部员工的忠诚困境。她父亲不能裁掉他们，因为他们从一开始就在公司工作。但是请注意，他并没有说：“这些人不能裁掉。”他说的是：“我永远都做不到。”这暗示着，他允许琳达·约翰逊·赖斯这么做。这不是因为他们做错了什么，只是企业发展壮大后不再需要他们了，所以他们就变成了错的人。如果琳达·约翰逊·赖斯没有将原来的系统升级为自动订阅系统，那么整个企业可能将彻底失败。那时候，所有人都是失败者。查尔斯·施瓦布在2004年也面临着相似的困境，和琳达·约翰逊·赖斯一样，他也采取了行动。

## 琳达·约翰逊·赖斯的管理团队

如今，Ebony. com 是《黑檀》杂志一个日益增长的收入来源。琳达·约翰逊·赖斯极力想维护《黑檀》《私人飞机》以及约翰逊出版公司和公司的彩妆品牌 Fashion Fair Cosmetics 的精髓——人们的渴望。不过，她知道自己必须聆听观众的声音，努力跟随他们的步伐。要做到这一点，改变将必不可少。

琳达·约翰逊·赖斯有着直面挑战的毅力，但是她知道，她缺少经营一家企业所需的技能。因此，她向她最好的朋友黛泽丽·罗杰斯求助。黛泽丽·罗杰斯在担任奥巴马政府的白宫社交秘书 1 年后刚刚回到芝加哥，她拥有很多琳达·约翰逊·赖斯所缺乏的技能。黛泽丽·罗杰斯如今是约翰逊出版公司的首席执行官，而琳达·约翰逊·赖斯升任董事长。琳达·约翰逊·赖斯说："黛泽丽·罗杰斯是一个聪明的、顽强的、工作努力的人，她想尽一切办法挖来最好的人才，我相信她，我知道她是一个不可多得的人才。我们彼此理解，也明白我们之间的友谊。我俩都盯着一样的最终目标，那就是让约翰逊出版公司飞黄腾达。"

琳达·约翰逊·赖斯的另一个朋友谢丽尔·梅伯里·麦基

萨克曾经在电子传媒行业工作过，她十分聪明，并拥有琳达·约翰逊·赖斯在寻找的技能。于是，她现在是约翰逊出版公司的首席财务官。

琳达·约翰逊·赖斯选择了她的两个老朋友，因为她们每个人都熟知改变，而琳达·约翰逊·赖斯自己也做出改变，调整了自己的技能。

## 黛泽丽·罗杰斯：约翰逊出版公司的新首席执行官

黛泽丽·罗杰斯的职业生涯从施乐公司开始，不过，她一直清楚自己“想要管理一家企业”。作为一个多面手，她缺乏具体的行业技能和专业知识，所以她必须自己学习这些技能。

她在实践中不断地提升自己的技能，她选择的不是艰涩难懂的行业而是她自己一无所知，但是能很快掌握基础知识和技能的行业。

在离开了施乐公司后，她成为利维集团的一名高层。从哈佛大学获得 MBA 学位以后，她的第一份新工作就是出任伊利诺伊州彩票的首席执行官。虽然这对一个 30 岁的人来说是一份“高大上”的工作，但她还是努力地提升自己的技能。她创建了一个专家团队，并努力培养团队成员的以顾客为中心的意识。在短短的 6 年中，她的彩票员工向顾客提供了更为积极的服务。事实上，以顾客为中心成为她职业生涯的精髓。

黛泽丽·罗杰斯的下一份工作是担任以男性为主宰的人民能源公司的通信主任，这是一个燃气配送公司，其前身为人民燃气公司。在这个公司里，所有身居高位的人不是工程师就是律师，“没人明白我为什么会在这里出现。”她这么说。

她花了很多时间跟工程师待在一起，学习他们在做的事情。她知道她永远不可能深入地了解他们的工作，但是，她掌握了足够的知识，并能提出有意义的问题和建议。为了更好地了解企业的运营，她常常早出晚归，去公司员工负责维修管道的工地视察。她戴上铁盔，去现场了解第一手信息。于是，公司的人对她愈加心悦诚服。

随着燃气价格飙涨，消费者的投诉越来越多。与此同时，他们还投诉服务越来越不可靠。而此时，黛泽丽·罗杰斯的才干得到了赏识，她被提升为主管市场营销部和客户服务部的副总裁。她冒着一定的风险，迫使公司关注上述那些严重问题，还越过负责售后服务的高管来处理问题，而这些高管的专业决定在公司中一直占有很大的分量。

不过，她相信在前线工作的员工，而他们则充满信任地告诉她那些敏感而重要的信息。他们相信她不会泄露信息的来源，而且能够把事情搞定。有一次，正是这种信任与黛泽丽·罗杰斯强大的说服力立了大功，阻止了本可能成为严重危机的事件的发生。

在人民能源公司工作了 10 年之后，她进入了一个完全不同的行业，成为美国好事达保险公司的高层管理人员。“我想在不同的行业里接触和感受新事物。”她说，“因为我不知道我最后会从事哪一个行业，我不能反复做相同的事情。在某一时刻，你真的需要掌握好自己的生活之帆，我想要的是管理一家公司。”

她在好事达工作的时间很短。为什么？原来她应她的朋友——奥巴马总统及其夫人的邀请，担任了白宫社交秘书。她认为这是一个树立自己品牌的好机会，正如她所说的那样：“白宫嘛，这个品牌差不到哪里去。”

当她离开白宫的时候，她已经拥有了一些新技能。她应她的朋友琳达·约翰逊·赖斯之邀，进入约翰逊出版公司接任首席执行官。在《黑檀》《私人飞机》和化妆品业务的影响下，约翰逊出版公司拥有标志性的品牌以及一群非常忠实的追随者。它们面向 70% 的非洲裔美国人，这个市场份额是仅次于它的竞争对手的2倍多。如黛泽丽·罗杰斯所说，“白宫这个招牌差不到哪里去”，这可能是事实，但是，白宫已经很长时间没有拥有这么高的支持率了。

在白宫的时候，黛泽丽·罗杰斯发现，她不得不消除她的团队成员认为信息只有在保密的情况下才是力量的想法，她教他们如何从信息共享中获得力量。在加盟约翰逊出版公司后，她发现这里的员工存在类似的想法，但是她如今已轻车熟路，知道怎么说服她的团队去从信息共享中获益。

在黛泽丽·罗杰斯的职业生涯中，她一直听到反对者的声音。她努力想去了解他们的观点，以此来克服这些阻碍。这个经验是她从她的第一个反对者——她的父亲身上获得的。其实，他一直都十分支持黛泽丽·罗杰斯，但是他实在不喜欢她的工作有太大流动性。

他不断地告诉黛泽丽·罗杰斯，她这么做不好，那么做不好。但是，黛泽丽·罗杰斯意识到，她父亲终其一生都在从事一份工作，所以他会这么告诫他的女儿。这么做对他来说是行得通的。由于他只想给女儿最好的，所以他担心，如果她频繁地更换工作，她的工资和退休金会得不到保障。她把他的警告当作一个慈爱的父亲传递的信息，这是因为她会“花时间去了解反对声音的来源”。在她的职业生涯中，她一直采用这种方法并受益匪浅。

## 谢丽尔·梅伯里·麦基萨克

谢丽尔·梅伯里·麦基萨克记得她总是有个计划，即她口中的“非比寻常的创业计划”。谢丽尔·梅伯里·麦基萨克在西雅图长大，作为一个属于少数群体的非洲裔美国人，她在IBM开始第一份工作时就已经准备好并且坦然接受了成为她所在部门的少数几个非洲裔美国人中的唯一女性。

众所周知，IBM拥有超级好的销售培训项目。谢丽尔·梅伯里·麦基萨克很喜欢IBM提供的培训，而她也表现得很好。在IBM工作的15年里，她学会了很多的销售技巧，比如说把一个产品和免费服务捆绑销售，以此来避免降低产品的价格。当她看到由于日本人可以把大型计算机的价格降低至IBM价格的一半，在大型计算机市场抢占了IBM的市场份额的时候，她感到有点遗憾。尽管如此，由于具有良好口碑，IBM在很长一段时期内都做得很好。

当IBM进入个人电脑行业时，谢丽尔·梅伯里·麦基萨克很兴奋地看到了它的无限创意。她把这一步视作IBM将来会继续做出改变，以及摆脱总是以旧方式做事的局面的信号。

在 IBM 工作的 15 年里，谢丽尔·梅伯里·麦基萨克表现得无可挑剔，她获得了无数次晋升，并取得了她口中的“差强人意的成功”。由于不想实施 IBM 的遣散政策，谢丽尔·梅伯里·麦基萨克不愿意继续留在 IBM 工作。而且在拿到凯洛格商学院的 MBA 学位之后，她已经适应了在芝加哥的生活。经过多次搬迁的她不想为了 IBM 再次迁移，假如她选择继续留在 IBM，她必须与公司签署一份 5 年的劳动合同。

谢丽尔·梅伯里·麦基萨克和 IBM 的一位同事已经创立了一个新公司——女性旧服装店。该店采用了先进的技术，并仿照芝加哥黄金海岸附近的高端精品店来装修。这个公司没能按照原计划发展。她们俩开了第二家店，然后第三家，而后面一家后来成为旧金山的加盟店。然而，每个市场都是独特的，因此，扩张没能取得协同效应。另外，谢丽尔·梅伯里·麦基萨克和搭档都想管理一家更大规模的企业。于是，她们卖掉了刚刚起步的生意。

谢丽尔·梅伯里·麦基萨克很喜欢创业时“打了鸡血般”的刺激感觉，但她明白，她的技能是在大公司中培养的，因而更适合在一家大公司中使用。所以，当融合这两个特征的机会出现在面前的时候，她抓住了。向她提供这个机会的是 USRobotics 公司。作为市场销售总监，谢丽尔·梅伯里·麦基萨克很好地发挥她在 IBM 学到的销售技能，并同时学习了一些只能在新兴公司获取的新技能。

讽刺的是，她几乎错失了这份工作。USRobotics 公司的人担心，来自 IBM 的谢丽尔·梅伯里·麦基萨克可能适应不了他们的创业文化，最后会感到沮丧并离开公司。幸运的是，谢丽尔·梅伯里·麦基萨克成功地说服了他们，让他们都相信她是一个“拥有大公司工作经验但又充满创业激情的人”。

不过，他们在某种程度上是对的。大公司的工作习惯和创业激情之间的矛盾，让谢丽尔·梅伯里·麦基萨克在自己的心里也不断挣扎。后来，她学会了如何融合它们，并在 USRobotics 公司工作了 5 年。随后，公司以接近 80 亿美元的价格被卖给了其他公司。谢丽尔·梅伯里·麦基萨克如果继续留下来，意味着要搬到硅谷，此时，她已与相处很长时间的男朋友结了婚，他们此前一起经过了异地恋的考验，所以他们不想再这么做。况且，她在 USRobotics 公司的股票期权已转化为一笔可观的存款，因而，她有足够的底气辞掉工作，专注于她的婚姻。

过了一段时间，USRobotics 公司的负责人找到她，说他们在为另一个初创企业 Open Port 公司提供资金，他们觉得她很适合管理这家新兴公司。谢丽尔·梅伯里·麦基萨克一直在考虑自己创业，但这意味着得花钱学习新技能。加入 Open Port 将让她能够花别人的钱来获取这些新技能，对谢丽尔·梅伯里·麦基萨克而言，单单使用现有技能是不够的，因此，她提出负责国际业务这一块。

她帮助 Open Port 实现了很高的销售额。她领导公司进行全球性扩张，在中国香港和法国巴黎均开设了办事处。然而，Open Port 的业务很快就陷入了停顿。3 年之后，她离开了 Open Port，虽然没有得到很大的经济回报，但是她获得了重要的新技能。现在，她觉得她已经装备好自己，可以做她一直想做的事情——创业。

谢丽尔·梅伯里·麦基萨克谈及一些整个职业生涯在同一家公司就职的朋友，他们已经下岗了。这些年来，他们培养的这些技能只对他们的雇主有用，他们甚至从来没有考虑过离开，更不用说他们会思考自己想做什么以及需要哪些技能来实现，她很庆幸自己这么做了。

她说："我认为，你必须有一个核心的技能组合。对于我而言，这就包括了科技、市场和销售。我首先要做的总是观察这个行业。”谢丽尔·梅伯里·麦基萨克加入 Open Port 的一个原因就是，她将其视作“获取核心技能并在行业实践中进行完善，借以创业”。

她每年都进行自我评估，以确定在当前环境中她的技能适合做什么。她清楚，改变来得日益快速，所以她不想对自己的技能感到过分自信。谢丽尔·梅伯里·麦基萨克每年对自己做一次评估的想法是很好的，但前提是你能够客观地看待自己。对于大多数人而言，我会建议找一个客观的第三方来协助自己做这个评估。

她不想仅仅为了满足她雇主的需求而努力打造企业。她选择发展他们的企业，以便满足她自己的需求。尽管如此，她还是给她的雇主奉献了她的价值，从来不会忽视他们的需求。但是，她知道，即使他们让她学到了宝贵的技能（她牢记着自己在 IBM 学到的教训），也不意味着他们做生意是为了迎合她的需求。所以，谢丽尔·梅伯里·麦基萨克很高兴能继续前进，在一个她的雇主能满足她的需求的环境下工作。她创立了自己的公司，在那里，她和她的同事咨询了不计其数的公司，不断地使用她已具备的技能并继续学习新技能。

谢丽尔·梅伯里·麦基萨克不断更换雇主，虽然不像黛泽丽·罗杰斯这么频繁，但也十分相似。

约翰逊出版公司是谢丽尔·梅伯里·麦基萨克的一个客户。12 个月后，她的朋友黛泽丽·罗杰斯和琳达·约翰逊·赖斯邀请她加入约翰逊出版公司。谢丽尔·梅伯里·麦基萨克对这件事考虑了半年。然后，她们提出了一个谢丽尔·梅伯里·麦基萨克无法拒绝的条件——公司高管职位和她期待已久的创业机会合二为一，她将担任约翰逊出版公司的子公司 JPC 数码公司的总裁，可以使用她现有的技能，发展新业务以应对网络时代带来的挑战。同时，她兼任约翰逊出版公司的首席财务官，而在这个职位上，她可以学习新的技能。

---

## 耐心是一种团队美德

作为约翰逊出版公司的高管，耐心可能是谢丽尔·梅伯里·麦基萨克认为自己所需要的一项技能，但显然，当一名没有过多耐心的创业者（正如本书提及的所有创业者一样），她感到更舒服。有一句非洲谚语说得好：“如果你想走得快，那么你就独自前行。如果你想走得远，那么你就结伴同行。”

---

谢丽尔·梅伯里·麦基萨克把约翰逊出版公司的标志性品牌（比如说《私人飞机》和《黑檀》杂志）视为一个更高的平台。你可能还记得，琳达·约翰逊·赖斯告诉过我，这些约翰逊出版物“彻底改变了美国职场对非洲裔美国人的看法”。谢丽尔·梅伯里·麦基萨克将这个平台当作一个“平衡守业与创业”的绝佳场所。到目前为止，她说这份工作非常棒。

# 第12章

## 领导家族企业与领导家族的差异

普利兹克家族是凯悦酒店的所有者，通过家族的控股公司美联集团，它同时拥有不计其数的企业，此外，它还拥有其他未曾透露过的房地产和商业利益。在过去几十年里，普利兹克家族一直都富可敌国。以前，人们只需单独评估普利兹克家族的成员本身的财富就可以算出这个家族的财富。如今，人们需要计算这个极其富裕的家族中至少11位成员的资产净值方可做到。他们每一个都是亿万富翁，他们今天的财富总值超过250亿美元。

需要累计的原因有二：一是财富正在从第三代过渡至第四代；二是家族成员之间存在分歧。曾经，家族内部的纠纷引发了一番媒体炒作。要了解家族成员是如何解决这些问题的，我们必须知道该家族的发家史。

## 普利兹克家族的美国梦

在 1881 年来到美国的时候，10 岁的尼古拉斯 · 普利兹克不会说英语。后来，他不仅成为一名律师，还是一本书的作者，通过这本书，他把他的价值观传承至他的后代。在每一个尼古拉斯 · 普利兹克的后代年满 13 岁时，这本书会在他们的成年礼上交给他们。这本书不能传阅，没有人有副本。

尼古拉斯 · 普利兹克的儿子 A. N. 普利兹克和他父亲以及众多家族成员一样，也是一名律师。A. N. 普利兹克是真正的故事的开始。

A. N. 普利兹克的一个孙子告诉我，A. N. 普利兹克“是一个有趣的人，他很平易近人和讨人喜欢”。20 年前，我采访了 A. N. 普利兹克的大儿子杰伊 · 普利兹克，他用了一个不同的形容词来描述他父亲：“令人畏惧”。A. N. 普利兹克的儿子和这个家族的朋友都讲过 A. N. 普利兹克对儿子是多么严厉的故事。不过，在外人眼里，A. N. 普利兹克很和蔼可亲，因此他的朋友都感到如沐春风。A. N. 普利兹克的孙子 J. B. 普利兹克是一个成功的风险资本家、私募股权投资者、企业家和慈善家，他说："虽然我认为祖父是一个开朗、友善的人，不过，你越接近他，你就越会感觉到我叔叔杰伊·普利兹克一直提到的那种敬畏感"。

A. N. 普利兹克是一个冲劲十足的人，于是他要求他的三个儿子也要如此。他相信，他们和他一样拥有出类拔萃的智商和才华，他想要他们做到最好。几代人下来，这个家族的口头禅似乎已变成："我不在乎你一生在做什么，但不管做什么，都一定要做到最好。"这意味着，你做不到并不代表你失败了，但是你必须志存高远，并竭尽全力去实现。这听起来很合理，那么，这怎么会令人畏惧呢？而且，为什么 A. N. 普利兹克的孙子在教育他们的后代时还一直在使用这个口头禅呢？

该口头禅并不吓人，A. N. 普利兹克才令人畏惧。A. N. 普利兹克是一个聪明的人，也是一个精明的商人。他的孙子汤姆·普利兹克告诉我，他的祖父会和会计师以及税务专家坐在一起，后者可能会建议更改交易的折扣率和漂浮式付款的间隔时间。汤姆·普利兹克说："会计师和税务专家都掏出计算器，当他们还在忙着按按钮时，A. N. 普利兹克就已经有了答案，而且不用借助计算器。”

A. N. 普利兹克离开了法律行业，转型成为一个非常成功的房地产投资者。在他的儿子准备加入家族生意时，A. N. 普利兹克已积累了巨额的财富。而到他的孙子成年的时候，他已经是一个家喻户晓的成功商人了。他的孙子 J. B. 普利兹克说，所有这一切以及他的专横个性造成了“别人认为他看起来非常苛刻和难以沟通”。

A. N. 普利兹克不相信他的儿子不够聪明，也不相信他们不如他工作努力。虽然他们并没有令他失望，但是，为了铺平他们走向成功的道路，A. N. 普利兹克在他们身上花费了大量的心血，甚至和他们一起做家庭作业。对于 A. N. 普利兹克来说，成绩单上的 B 也意味着失败。

不过，A. N. 普利兹克有时也是一个有趣的人，他会学着用“新玩具”跟他儿子交流。然而，A. N. 普利兹克的强势性格是一个严重问题，对大儿子杰伊·普利兹克来说还好一些，对杰伊·普利兹克的弟弟们就比较明显。杰伊·普利兹克解释说，A. N. 普利兹克之所以令人畏惧，是因为他会发脾气。同时，因为他的精力异常充沛，所以会给人一种暴躁的印象。”

此外，杰伊·普利兹克将 A. N. 普利兹克令人畏惧的性格归因于他所取得的成就太过惊人。杰伊·普利兹克的弟弟唐·普利兹克比他小 10 岁。这意味着，唐·普利兹克在忍受比杰伊·普利兹克更多的来自 A. N. 普利兹克的威压的同时，因为 A. N. 普利兹克急于想要唐·普利兹克证明他跟杰伊·普利兹克一样天赋异禀，所以他还得向他哥哥取得的成就看齐。杰伊·普利兹克在 20 岁时就已经从法学院毕业，但由于未到年龄而不能报考律师资格考试。

虽然 A. N. 普利兹克的孙子 J. B. 普利兹克在 7 岁时，他的父亲唐·普利兹克就已经去世，但是，他向朋友和家人了解过他祖父对他父亲的影响。J. B. 普利兹克得出的结论是，唐·普利兹克对 A. N. 普利兹克感到非常畏惧。他想要让 A. N. 普利兹克高兴，但是，他又想做回他自己。当然，唐·普利兹克从来不是一个懒鬼。作为哈佛大学的优等毕业生，唐·普利兹克成为一名海军密码分析员。他在 20 多岁加入了家族的房地产行业，而根据 J. B. 普利兹克的说法，他“过得非常悲惨，因为他被当作什么都不知道和什么都没学过一样对待。我听说，他没过多久就意识到他必须离开”。

随后，时来运转。1957 年，杰伊·普利兹克从加利福尼亚州出差回来，说他发现了一个绝佳的房地产交易目标，那就是毗邻洛杉矶机场的一家汽车旅馆，但是他不愿意将其买下来，因为他们家族没有人可以去那里管理。听到这个消息后，唐·普利兹克打电话给他的妻子，问她愿不愿意搬到加州。J. B. 普利兹克说："她十分清楚 A. N. 普利兹克对自己丈夫的可怕影响，所以她完全赞成唐·普利兹克的提议。这给了唐·普利兹克向其父亲提出想法的勇气，虽然他父亲可能会强烈否定他的想法。"

在征得妻子的同意后，唐·普利兹克马上毛遂自荐，这是他的出路。A. N. 普利兹克完全反对这个提议。最后，杰伊·普利兹克说服 A. N. 普利兹克答应让唐·普利兹克搬到加利福尼亚州去管理这个新项目。我们不能肯定杰伊·普利兹克这个大哥当时是否知道他的弟弟需要跟父亲或者他保持一定的距离，但是对于这个交易爱好者来说，他需要一个信得过的家庭成员去现场管理这个他认为大有前途的汽车旅馆项目，不管怎么，他能支持弟弟是好事，他们为这家汽车旅馆起名为"凯悦之家"。当然，它就是如今的凯悦酒店，普利兹克家族的生意组合中最大的一颗明珠。

这件事是唐·普利兹克最骄傲的成就，他以自己的方式向父亲证明了自己能独立做成大事。这是自我评价的一种形式，因为他觉得自己从父亲那里得不到认可。根据杰伊·普利兹克的说法，A. N. 普利兹克经常在小事情上给予赞扬，但在大事情上很少这样做。在这些事情上，他有很高的预期，这推动着他的儿子和他自己为之奋斗。

1972 年，凯悦酒店上市后没多久，唐·普利兹克就离开了人世，享年 39 岁。那个时候，凯悦酒店已是美国发展最快的连锁酒店。

令人畏惧的压迫感并不仅仅来自于 A. N. 普利兹克，普利兹克家族里大多数人都成了律师。当唐·普利兹克在备考律师资格考试的时候，杰伊·普利兹克承认他拍了唐·普利兹克的后背，挖苦他说："唐·普利兹克，你不用担心，你的祖父通过了，你的三个叔叔也通过了，你的哥哥也通过了……十个人当中有一个考试不及格能有多糟糕呢？"

多年以后，在唐·普利兹克的儿子 J. B. 普利兹克即将参加律师资格考试时，杰伊·普利兹克也写过类似的挖苦信给他。看起来，这种压迫感是一个家族传统，只不过它的本意在于激励对方，而非威吓。更重要的是，这是显示领袖权杖已从 A. N. 普利兹克传递给杰伊·普利兹克的众多迹象之一。

不同于家族里的其他人，鲍勃·普利兹克不是律师。他一样天资聪颖、充满干劲、多才多艺，他一样处于 A. N. 普利兹克的控制下。鉴于他的工程背景，他是管理美联集团——家族用以收购和持有众多业务的公司最合适的人选。美联集团的控制权被卖给了沃伦·巴菲特的伯克希尔·哈撒韦公司，而普利兹克家族则保留了 40% 的股权。出售美联集团带来了大量现金，有助于进行资产的分配，解决了家族内部的分歧和官司问题，并让普利兹克家族第四代每一位成员都成为亿万富翁。

## 缺少信息就是缺乏力量

让公司的秘密远离那些不参与家族企业管理的家族成员，这是 A. N. 普利兹克和杰伊·普利兹克的又一个怪癖。他们认为，关于家族企业的信息只限于在那些参与企业管理的人员中分享。汤姆·普利兹克说："他们的观点是，假如你在家族企业里工作，那没问题，但如果不是，那么你怎么有经验去处理这些信息？你怎么能细致入微地了解这些信息的复杂性？我们一直在做这些工作，我们一生都投身于这些工作。那些坐享利益的人整天无所事事，而且还在捣乱，我们觉得这很不公平。"

有句古话说得好："信息就是力量。"它的推论就是："缺少信息，就会缺乏力量。”

A. N. 普利兹克主张，没有参与到家族企业之中的家族成员既没有必要也没有权利知道家族企业的信息。当然，这也包括家族的投资在内，它们由数百个错综复杂的国内外信托管理。这个做法导致出现的迷阵最初只有 A. N. 普利兹克、杰伊·普利兹克和一群才华横溢的律师及顾问才明白，最后证明了美国国税局对这个迷阵也是感到云里雾里。在 A. N. 普利兹克去世前，他已累积了巨额的财富，在去世后，他的遗产被剥夺了重要的资产，所以遗产税微不足道。

Pritzker & Pritzker 是普利兹克家族的律师事务所，这间律师事务所把它的业务限制在处理家族事务和在代理家族事务以及家族投资与生意的其他律师事务所当中进行协调。

A. N. 普利兹克和杰伊·普利兹克知道这些业务和投资的所有权和控制权真正在哪里，其他人基本上不可能知道所有者是谁，它们不仅使该家族减少收入税和遗产税，还帮助 A. N. 普利兹克和杰伊·普利兹克在受益的亲戚们面前保留了神秘的面纱，这些信托的本金构成了一笔庞大且不断增长的财富。

这些信托通常位于避税天堂如巴哈马和开曼群岛，它们避开了受益人的知情权。这些信托以及从中获得的回报后来成为一个公共议题。当时，唐·普利兹克的女儿佩妮·普利兹克——一个精明的女商人，在美国商务部部长审议听证会上，面对众议员，她坦承，这些信托在她出生前就已订立，她仅仅是一个受益人而已。显然，这个答复足以应付参议院。在参议院看来，问题的焦点在于她是否已缴纳相应的税款，而非她家族企业的治理方法和透明度。

考虑到 A. N. 普利兹克及其儿子们所获得的非凡成就以及支撑整个家族的可观收入，没有哪一个受益人想推翻"普利兹克号"这艘船。

就这样，信息的力量被限制于在家族企业工作的那些家族成员之间。信息的传播完全被控制在 A. N. 普利兹克以及杰伊·普利兹克的手中。当时，唐·普利兹克已去世，而鲍勃·普利兹克身为一个工程师而非律师，他既没有兴趣，也不去关心这个控制权涉及的法律的复杂性，他在家族企业中可以自由地做他想做的事情。后来，正是由于家族企业的控制权不在他手中，加上家族生意的秘密性，鲍勃·普利兹克在离婚谈判时才得以合理推诿，获得有利的谈判结果。

A. N. 普利兹克和杰伊·普利兹克不仅是很聪明的人，还是颇具魅力的优秀销售员。在必要时，他们可以是一个随和的人又或者是一个强硬的人。他们留住了同样聪明和有说服力的顾问，这些人加在一起时，他们的才华、技能和成功让整个家族都心悦诚服。

1999 年，在家族的生意和财富都已颇具规模时，杰伊·普利兹克去世了。毫无疑问，巧妙设计的信托有处理该事件的相应条款。但是，它们没有涉及普利兹克家族的改造。环境发生了几乎是灾难性的改变，普利兹克家族的美国梦将成为一场噩梦。

## 如果没有破产，为什么要改变

在 A. N. 普利兹克去世 13 年后，随着杰伊·普利兹克的离世，某个人或某个利益团体必须接过杰伊·普利兹克继承自 A. N. 普利兹克的权杖。唐·普利兹克、鲍勃·普利兹克和杰伊·普利兹克每个人都有不只一个孩子，家族人口的快速增长导致了有更多的第四代家族成员从事家族企业以外的业务，因而被排除在信息圈之外。事实上，一些第四代家族成员创建了自己的事业，另外，有很多第五代家族成员也已逐渐成年。

当然，依然有有能力的家族成员在打理着普利兹克家族的生意，其中包括汤姆·普利兹克和J. B. 普利兹克的姐姐佩妮·普利兹克（2013年，她在工作14年之后离开了家族企业，并成为美国商务部部长），另外还有杰伊·普利兹克的表弟尼克·普利兹克，他负责公司的房地产控股业务。这几个人根据他们在家族企业中的参与度，被赶鸭子上架，接过杰伊·普利兹克手上的管家和资讯传播者的职责。

最后，这几个家族企业的参与者和他们各自的家庭都对这个局面不满意。汤姆·普利兹克从他父亲杰伊·普利兹克和他祖父A. N. 普利兹克身上学到了很多东西。很多时候，学习的过程并不像众多家族传说一样发生在餐桌上。相反，和克朗家族一样，通过置身于办公现场并观察他父亲和祖父做事，他学到了很多。他发现，在复杂的情况下选择和支持家族生意的优秀管理者十分重要。汤姆·普利兹克见过他父亲在重要运营决定上听从经理们的意见，尽管他父亲拥有该公司的控股股份并持有相反的观点。他为什么这么做？这是因为在运营方面经理们比他父亲在行。

“决策对我们很重要。”汤姆·普利兹克说，“但不是万能的。一个企业的最高经理应该做决定，因为他一生中都致力于这件事。”提到职业总经理皮特时，汤姆·普利兹克补充说：“他终其一生都在这么做，每一天，从早到晚，都是如此。我们应该尊重他的决定，因为他更了解情况。”汤姆·普利兹克总结了他的方法：“我们是这么做的：1/3 的工作是组织人员，突出重点，然后把必要的工具交给那些人。另外 2/3 的工作是躲到一边去，就让他们做自己擅长和喜欢的事情。”看来，杰伊·普利兹克确实很用心地教了他的儿子一些宝贵的经验。

沃伦·巴菲特不假思索就对这个方法拍手称赞。当时，普利兹克家族将美联集团 60% 的股份卖给了沃伦·巴菲特，一个被称为“奥马哈先知”的人。汤姆·普利兹克去拜访他，问道：“你想怎么管理美联集团?”沃伦·巴菲特回答说：“我不想管理它。”确实是先知，沃伦·巴菲特的理念与杰伊·普利兹克教给汤姆·普利兹克的完全一致。

在这里列举另一个杰伊·普利兹克教给汤姆·普利兹克商业经验的例子：家族的财富让家族成员长期处于权力之巅，但是，他们资助的创业者需要资金来生活和购买第二居所，因为这些创业者不能够把普利兹克家族的生意传给他们的孩子。因此，虽然这些创业者没有为普利兹克家族带来直接的利益，还常常损害他们目前的利益，他们也必须做好安排，满足这些创业者的需求。

汤姆·普利兹克可能已自然而然地继承了 A. N. 普利兹克和杰伊·普利兹克在信息和控制权方面的权杖，但后来证明了汤姆·普利兹克学到的是错误的一课。如今的情况有所不同，杰伊·普利兹克和鲍勃·普利兹克这对兄弟曾经极大地扩展了家族的生意，为家族建立了商业帝国，他们的兴趣不同，因而可以相互兼容。但是，如今是众多的兄弟姐妹和表亲合作，他们的兴趣和背景各不相同，因此，他们会你争我斗。表面上看来，有超过 12 个家族成员可以从家族企业的成功中分得一杯羹，尽管家族的成员都受过良好的教育，但是只有少数几个在家族企业工作，大多数人都没有，没有哪一个第四代普利兹克成员能够宣称自己有权利去继承家族的巨大家业。情况很快变得明朗：没有人能揽过杰伊·普利兹克曾经拥有的所有权力；没人有资格控制能赐予力量的信息。杰伊·普利兹克为了家族的未来做了很多准备工作，他又是辅导又是教育。正如 J. B. 普利兹克所说，他的两个叔叔杰伊·普利兹克和鲍勃·普利兹克就像他及其表亲的替代父母："他们感到了一种心照不宣的监护责任。他们觉得要对我们负责，尽管我们仍跟我们的母亲一起生活在远在 3219 公里之外的加利福尼亚州，但是他们还是经常关心我们是否一切顺利。”

不幸的是，杰伊·普利兹克没能预料到或者计划好他去世后必然会发生的变化。或许，杰伊·普利兹克没能接受人必有一死的命运，也许他想“以后”再来处理这些问题。或许，身为律师的他和身边所有的律师都将精力集中在遗嘱中的财产转让条文和避税技巧上，导致他忽视了家族内的人际关系问题。不管出于什么原因，他的疏忽导致了家族成员之间的公开分裂，引起了公众的指责和控诉。全球范围内的普利兹克家族的事务一直都由一个律师事务所来代理，突然之间却冒出不计其数的律师事务所来保护家族成员各自的不同利益。A. N. 普利兹克建起来的堡垒忽然变成了交战中的公寓，而单元业主会议远远谈不上和谐。

杰伊·普利兹克为家族企业、它的投资和所有权载体等的未来发展做了出色的筹备工作。不过，他本应该教育其家族成员，告诉他们在他去世后会有哪些不同。他本应该意识到，被隔离在信息圈之外的那些人会疑神疑鬼……甚至更糟，其结果可能是灾难性的。

突然间，那个因良好的保密性（不让公众甚至一些家族成员知道家族生意的事情）而发家的家族，上了新闻头条。

毫无疑问，汤姆·普利兹克和表妹佩妮·普利兹克和表弟尼克·普利兹克被置于不友善的聚光灯下。正如汤姆·普利兹克所说："我们有我们的问题……那么，我作为我亲属的受托人真正在为谁服务？我认为，他们每个人的技能、志向和价值观都不同。他们每一个人都是不同的综合体。因此，我不知道强迫他们留在家族企业对他们和子孙后代是不是好事。此外，我看了看家族的企业及其管理团队，找碴子的股东会毁掉一个公司。我不想给任何人制造这些不稳定因素。对我而言，维持整个家族的完整可能更好。但是，我不能不管其他所有人的利益，而把大家扭在一块，所以，我决定放手。"

## 这种无情的改变真的有必要吗

通过进行资产清算、美联集团控制权的出售和其他所有者权益的分割，问题终于得到解决，家族成员之间的关系如今有所好转。可以这么说，家族成员又在直接沟通了，而不用再经过律师。

对极其复杂的所有权和控制权的改革已经适应变化了的环

境，然而，在普利兹克家族的案例中，本可以避免出现极度紧张的局面和在新闻媒体上的臭名远扬。虽然我不知道他们最后是否会采取不同的途径和形式去解决，但是可以肯定，这个家族本可以有更多和更好的选择。

在任何一个家族中，随着家族成员的去世，健在的成员之间的关系都会发生改变，都没预料到这种情形是愚者所为。增加所有权的复杂性，比如通过信托限制信息的获取，会恶化这一问题。

# 第 13 章

## 改变家族企业，让接班人的技能闪耀于人前

卡尔森公司是丽笙连锁酒店、TGI Fridays 以及其他知名企业的所有者，这是一个很有意思的例子。为了将家族企业成功地传承至第三代，卡尔森家族不得不同时改变企业和家族本身。

1938 年，柯蒂斯 · L. 卡尔森向房东借了 55 美元，用来制作黄金债券购物券，这是首批客户忠诚度计划之一，是他在家乡明尼阿波利斯市的一个当地商店的抽屉里发现了另一家公司的印章后得到的灵感。如今，卡尔森公司依然是一个家族企业。2008 年，该公司的营收超过了 370 亿美元。现在，卡尔森公司的业绩有目共睹，与最初 55 美元的创始资金是天壤

之别。

柯蒂斯·L. 卡尔森当时能看到这个机遇，证明了他是一个有远见的人。后来，他不断地看到机会，并果敢地把赌注压在他的本能上。他并非每次都能成功，但是获得成功的那几次助他创造了一个伟大的公司。

## 改变因子的黄金债券

柯蒂斯·L. 卡尔森开发的购物券理念和商业模式都是极其出色的，柯蒂斯·L. 卡尔森把黄金债券购物券卖给零售商店，而后者会根据顾客在店里的花费金额将黄金债券购物券免费送给他们。顾客把黄金债券购物券积累起来，直到他们有足够多的黄金债券购物券去卡尔森兑换中心兑换商品。该中心陈列着只能以黄金债券购物券兑换的物品，包括在战争结束后和随后的房地产繁荣时期需求极大的后“二战”时代家电产品。柯蒂斯·L. 卡尔森甚至说服一些牧师允许教徒向教堂捐献黄金债券购物券。

消费者对黄金债券购物券和它们可以兑换的东西变得沉

迷，毕竟，“免费”是能令人上瘾的。通过把购物券送给顾客，零售商保证了他们对商店的忠诚。因此，零售商相当于一个推动者，对这个购物券计划变得依赖，甚至害怕如果不使用购物券，他们的顾客会去其他地方购物。

家电产品和其他赠品的制造商很喜欢能为他们最新的产品线带来大量曝光度的免费的展示空间，因此，他们给了柯蒂斯·L. 卡尔森很好的价格折扣和慷慨的付款条件。

柯蒂斯·L. 卡尔森获得零售商的预付款，并且可以在购物券兑换商品后才付款给厂商，而这可能是几年后的事情。由此产生的增值是巨大的，令柯蒂斯·L. 卡尔森得以寻求其他机会。此外，如果顾客丢失或忘记了他们的购物券，又或者是藏起来但去世时来不及告诉他们的孩子，那么这些相关的成本就会延迟产生，甚至可能是不复存在。

此时，你是不是想起了“摇钱树”一词？没错，与此近似的案例是美联航空的前程万里计划和美国航空的常旅客计划等航空公司的亲和力计划。无疑，这些计划持续给领先的航空公司带来了可观的利润。

有了大量的资金后，柯蒂斯·L. 卡尔森在 1962 年和几个朋友一起购买了位于明尼阿波利斯市中心的丽笙酒店的少数股权。当机会出现时，柯蒂斯·L. 卡尔森逐个地买下了他的搭档的股权，直至他完全拥有丽笙酒店。

这些年来，柯蒂斯·L. 卡尔森看到了购物券生意的竞争力越来越激烈，他预计购物券最终将变得无关要紧并走向灭亡，同时他观察到了旅游业的变化。美国人旅游比以前频繁很多，不管是公务出差还是旅游玩乐，也许是因为乘坐飞机成本减少或者时间缩短，汽车数量增加，商业市场扩张，带薪假期的时间延长，以及当地企业向全国范围发展。丽笙酒店的生意不错，所以他决定复制它，他知道如何去经营一家酒店。现在，他需要把黄金债券购物券现金储存技术应用到房地产行业。他再次找到了增加现金流的一种方法，他把酒店的经营权授予酒店业主，而后者向他预付丰厚的特许经营费。特许经营模式减轻了融资的负担，减少了翻修特许经营酒店的成本。

后来，他创立了如今的嘉信力旅运公司，这是今天卡尔森帝国的一大组成部分。在卡尔森公司的 370 亿美元营收中，有超过 270 亿美元来自嘉信力旅运业务。一直以来，他都投资在旅游和美食之间的关键链接上。毫无疑问，那就是酒店和饭店，他在 1975 年收购了 TGI Fridays 连锁饭店。

为了让你更好地了解柯蒂斯·L. 卡尔森本人及其渴望保

证家族成员持续参与到家族企业中的复杂性，我在这里跟大家分享一个故事。柯蒂斯 · L. 卡尔森的酒店有一个餐厅叫作“火焰房”。当他的孩子去这个房间吃饭的时候，他们感到很失望，因为他们在火焰房并没有看到火焰。于是，柯蒂斯 · L. 卡尔森接受了孩子的意见，让人把房间的柱子改造成带火焰的效果。

柯蒂斯 · L. 卡尔森善于观察协同效应，或者如他女儿玛丽莲 · 卡尔森 · 尼尔森形容的一样，擅长进行“上下游资源整合”。由于他的酒店有一家餐厅，所以他认为自己也处于餐馆行业中。他很肯定其他酒店和餐馆有着和他自己一样的需求，于是，他认为他不可避免地要进入餐馆供应行业。当他听说 TGI Fridays 连锁饭店可以出售时，他出手买下它，作为创建餐馆供应业务的一个举措，这其中的上下游关系如何？

这与他进入旅游行业并无不同，他可以借此（至少在一定程度上）培养他的酒店生意。对柯蒂斯 · L. 卡尔森而言，首要目标是确保卡尔森公司成为一个百年常青的家族企业。为了做到这一点，他知道他必须改变卡尔森公司，也许要改变很多次。柯蒂斯 · L. 卡尔森花了毕生的时间改造公司，有时候，他会因为察觉到一个机会而进行收购；更多时候，他的收购表示他创造出新的机会。

很显然，柯蒂斯·L. 卡尔森渴望改变。我们不清楚他这么做是因为现实所需、机遇出现又或者是改变成瘾？是他觉得必须改变以求生存，还是他作为一个机会主义者在相关或相邻的行业看到好处，从而不能抗拒其中的好处？

有一点是明确的。改变是他本人性格的一部分以及他对看到的机会做出的一系列快速反应，所以他塑造卡尔森公司，让其足够灵活适应这种改变习惯。剃须镜另一边的董事会不能做到这一点。但是，和我们所有人一样，岁月也爬到了柯蒂斯·L. 卡尔森的脸上。他知道自己需要别人协助领导和管理他日益增长的生意，于是，他邀请他的女婿斯基普·盖奇担任首席执行官，但斯基普·盖奇最终没能达到柯蒂斯·L. 卡尔森的期望，所以，他辞职了，而柯蒂斯·L. 卡尔森回归，继续担任首席执行官。

## 女权主义的改革，意想不到的红利

柯蒂斯·L. 卡尔森的女儿玛丽莲·卡尔森·尼尔森来到

卡尔森公司上班，这发生在20世纪60年代初期，她在巴黎大学获得国际经济学高级学位之后。在此之前，她一直是一个大型股票经纪公司——普惠公司的唯一一名女分析师。后来因为怀孕，她离开了该公司。

在玛丽莲·卡尔森·尼尔森年轻的时候，她从父亲身上学到了很多不同的东西。柯蒂斯·L. 卡尔森不断地教他的孩子关于做生意的事情。例如，如果他们一家人用餐的饭店没有把甜点加在晚餐价格中，他会将是否要甜点的决定转变为投票决定是将钱花在甜点上还是投资家族企业。当然，每个人都知道柯蒂斯·L. 卡尔森的那一票的比重很大，所以卡尔森公司成为他们“甜食喜好”的敌人。

餐桌上的讨论通常涉及商业问题，特别是与卡尔森公司运营的实际决策有关的问题。有时候，柯蒂斯·L. 卡尔森甚至会按照玛丽莲·卡尔森·尼尔森所说的去做，而且他会感谢她的好建议。然而，在内心深处，玛丽莲·卡尔森·尼尔森知道柯蒂斯·L. 卡尔森在商业上是怎么看待女性的。

玛丽莲·卡尔森·尼尔森花了几年的时间在明尼阿波利斯市抚养四个成长中的孩子。随着孩子们的独立，玛丽莲·卡尔森·尼尔森开始主动担任少年联盟、民权组织等的领导职位。

她担任了超级碗委员会主席。她出色的领导力和魅力令明尼阿波利斯人都要求她去参加州竞选。对柯蒂斯·L. 卡尔森而言，这个前景似乎是难以维持的，他邀请她回来公司。柯蒂斯·L. 卡尔森告诉玛丽莲·卡尔森·尼尔森，回馈社区的最好办法是创造就业机会。

说实话，我们并不清楚是什么导致柯蒂斯·L. 卡尔森邀请玛丽莲·卡尔森·尼尔森回公司上班。是他的资本主义信念，还是他开始感觉留给自己的时光不长了？斯基普·盖奇没有成功，所以柯蒂斯·L. 卡尔森需要一个新的接班计划。很难说他改变了关于妇女从商的态度。在聘用玛丽莲·卡尔森·尼尔森一事上，他并没有做出任何继任的承诺，但这也是他的 B 计划。毕竟，如果他女儿是一名州长或议员，那么可能就难以让她回来了。于是，她开始担任社区关系的兼职总监，并在 1989 年成为一名全职员工。

玛丽莲·卡尔森·尼尔森分析了她自己的技能组合，包括早期工作累积的经验和社区志愿工作的经验，以及那些她所缺乏的技能。她花时间去提升自己现有的技能和学习新技能。当柯蒂斯·L. 卡尔森因为身体每况愈下而到了该退下来并选择继任者的时候，也就是在柯蒂斯·L. 卡尔森去世的几个月前，玛丽莲·卡尔森·尼尔森显然是最佳选择。她已经具备所需的技能，做好了面对挑战的准备，而事实上，玛丽莲·卡尔森·尼尔森后来确实带领卡尔森公司摆脱了“9·11”恐怖事件带给旅游业的影响，然后，玛丽莲·卡尔森·尼尔森把卡尔森公司带领到了新的高度。

她很幸运，当她的父亲坚持要求她把重心放在相夫教子上时，她能够在提供公共服务的时候学习新技能。许多妇女都是从公共和慈善组织起步，慢慢充实自己的履历，这证明了此举有助于培养技能。

玛丽莲·卡尔森·尼尔森继续收到来自柯蒂斯·L. 卡尔森的各种各样的信息，他不断地批评玛丽莲·卡尔森·尼尔森。当她最后质疑他的批评（把现状摆出来）时，他说：“当我不再对你吼叫时，你就知道我已不再对你感兴趣了。”她努力改变自己，以此适合她的新任务，并最终继承她父亲的事业。

在真正继任柯蒂斯·L. 卡尔森的职位之后，玛丽莲·卡尔森·尼尔森陆续采取措施修改了那些反映了柯蒂斯·L. 卡尔森歧视女子的规定。于是，卡尔森公司成了职业妇女十分友好和热情的企业之一。各岗位上的女性数量都增加了，包括女员工、女高管和女董事。同时，她对公司的基础设施和管理也进行了改革，允许第二代和第三代家庭成员在公司里担任要职，其中就包括了玛丽莲·卡尔森·尼尔森的女儿戴安娜和温迪·卡尔森·尼尔森。通过改革，公司为第三代家族成员的进入做好了充分的准备。

在玛丽莲·卡尔森·尼尔森2008年准备退居二线时，公司已发展到了聘请一位非家族的职业经理人来继任首席执行官更合适的地步。董事会选择了一直担任嘉信力旅运公司首席执行官的休伯特·乔利来继承玛丽莲·卡尔森·尼尔森的职位。(有趣的是，休伯特·乔利于2012年忽然意外辞职，转而出任百思买的首席执行官。随后，时任卡尔森公司执行副总裁和首席财务官以及旅游和酒店子公司董事会成员的特鲁迪·劳蒂奥接替休伯特·乔利成为首席执行官。）玛丽莲·卡尔森·尼尔森不仅改造了公司的基础设施，创造了一个欢迎女性的工作环境，通过这个过程，她还改变了卡尔森公司的人才库，让公司得以在关键时刻从中挑选出继任者。

玛丽莲·卡尔森·尼尔森在改变家族的继承方式的同时要保留她父亲创建的文化和价值观，这是一个艰难且敏感的任务。她在这个位置上做的这一切名正言顺，但她并不认为这些改变是家族成员的专属权利。她清楚地指出，每一位卡尔森公司首席执行官都必须决定公司的哪部分应该保留，而哪部分必须改变。她记得她父亲的目标是创立一个百年常青的家族企业，但是她改革了公司及其管理制度，确保由董事会来实现企业的延续性，而非仅仅是首席执行官。话虽如此，她和她的孩子都有意识地让如今七岁到二十多岁大的第四代家族成员参与到企业事务中来。他们被给予学习管理卡尔森公司的技能的一切机会，谁知道他们在对的时机会站到什么位置上？重要的是合适的公司制度要建立起来。

## 第三代中没有败家子

玛丽莲·卡尔森·尼尔森很注意观察她女儿戴安娜和温迪·卡尔森·尼尔森的技能和才华。戴安娜担任董事多年，并于2003年成为董事长。温迪·卡尔森·尼尔森一直在参加职业网球巡回赛，直到身体受伤迫使她退出。在那之后，她获得了MBA学位，进入芝加哥一家公司从事私募股权投资。此后，她成为卡尔森饭店的研发总监。

改变公司的治理基础架构很重要，但还不足够。正如许多成功继承的家族企业一样，改造下一代也很必要。温迪·卡尔森·尼尔森和我分享了一个关于她自己的改变的故事，很有启发意义。这发生在她进入公司工作后不久。她在卡尔森饭店接到的第一项任务是到得克萨斯州考察开设新饭店的前景。在加入这个项目的 1 个月内，她就观察到得克萨斯州的分店在公司中表现最差。于是，她去找卡尔森公司旗下分管卡尔森饭店的事业部首席运营官沟通，她告诉他得克萨斯州的扩张计划没有意义。

她不能说服饭店事业部首席运营官，于是她分别去找卡尔森公司的首席执行官和首席运营官，即她的母亲和叔叔，但这也失败了。虽然卡尔森公司是一个家族企业，但是温迪·卡尔森·尼尔森的母亲和叔叔在努力建立和捍卫一个专业的工作环境。他们清楚地知道，为了吸引和留住这群有才干的高管以实现他们的目标，这样的结构是必需的。

很多进入家族企业的年轻人，尤其是那些进来前没有在其他地方获得经验和威信的年轻人，他们会到处刷自己的存在感，随意否定其他员工的决定，这可能会导致产生悲剧性的后果。这会让他们无法与员工相处，不能管理或领导员工。他们也可能会把优秀员工赶出去，败坏一个公司的声誉，令其难以吸引有能力的员工。虽然这不是富不过三代的唯一原因，但它值得我们的注意。

卡尔森公司的管理模式已经从柯蒂斯·L. 卡尔森的专制风格转变过来，有人忘了提醒和培养玛丽莲·卡尔森·尼尔森的女儿温迪·卡尔森·尼尔森。因此，在温迪·卡尔森·尼尔森试图利用她的影响力左右商业问题时，她对家族企业的热情（和柯蒂斯·L. 卡尔森一样充满激情）令她吃了闭门羹。尽管她的出发点是好的，但是她的行为却不恰当，甚至适得其反。

幸运的是，温迪·卡尔森·尼尔森是一个善于学习的人。她回去工作后，最终还是在得克萨斯州开设了更多的分店。她甚至成为研发部副总裁，负责国内业务。不过，她觉得她失败了，公司因为没有一个周详的计划来扭转得克萨斯州的局面，所以还在困境中挣扎，她很沮丧。作为一名家族成员，她拥有晋升公司领导的“特别渠道”。然而，她权力不足，不能按照自己的想法去做。

她还处于学习的过程中，酒店集团首席执行官聘请温迪·卡尔森·尼尔森担任卡尔森酒店的执行副总裁，她花了前 3 个月在前台工作上，甚至负责铺床。事实上，当在私募股权公司工作的朋友听说卡尔森公司有一笔悬而未决的交易时，他们中有个人给温迪·卡尔森·尼尔森打电话，说："你为什么不打电话告诉我？"温迪·卡尔森·尼尔森回复说："哦，我在前台上班，不是在董事会。"

这段酒店工作经验给了温迪·卡尔森·尼尔森很多自我提升的机会，她在每周的高层会议上都会提出建议，但她感到被忽视。毕竟，作为一个家族成员，她的"工作岗位是不劳而获的"。他们觉得她还没有证明自己，心想她的所作所为又是一个富二代综合征的表现。

在执行战略会议上，有人建议他们应该"渴望成为最好的那一个"。温迪·卡尔森·尼尔森情不自禁地喊出声："什么?! 我从没有一次打网球是不想赢的。如果我们不想成为最好的那一个，那么我们为什么要打？"她回忆说，她审视着房间里的人，他们惊骇地看着她，说出了他们不渴望成为第一名的所有理由。

温迪·卡尔森·尼尔森从她以前在饭店工作的经验中学乖了。她回忆说："我知道，打电话给高层不会起作用，它可能还会使我和整个团队的隔阂更深。"她明白，她必须从团队内部着手改变这个战略。虽然她阅读了大量关于如何管理和领导的书籍，但此时好像毫无用武之地，她陷入了困境。

然后，她有了一个主意：通过一个欧洲成功品牌的运营方法来打动公司的高层，让他们接受了她的建议，马上修改了商业方案。她在圣诞晚宴期间与休伯特·乔利分享了她的远见，当时还未成为卡尔森公司首席执行官的休伯特·乔利用香槟庆祝了她的成绩。因此，温迪·卡尔森·尼尔森能够说：“今天，我很自豪地说，公司正在大阔步地迈向我们的目标，那就是在我们经营的每个领域中都成为第一。”

这就是温迪·卡尔森·尼尔森——柯蒂斯·L. 卡尔森的继承人之一，她知道她的祖父如何做事（比如边刮胡须边举行董事会）。她对家族企业的热情并不比他少，所以，在解决饭店生意问题的尝试中，她借助了柯蒂斯·L. 卡尔森式的管理制度。

显然，温迪·卡尔森·尼尔森没有收到备忘录，所以不知道柯蒂斯·L. 卡尔森离开公司后，事情发生了变化，卡尔森公司的管理制度改变了。幸运的是，她很聪明（她是凯洛格管理学院的毕业生），她很快就独自想出应对方法了。否则，事情很容易就朝另外一个方向发展。

这是一个非常成功的家族企业，它似乎做对了——在柯蒂斯·L. 卡尔森离开后，公司及其管理制度都被改革以适应改变了的环境。尽管困难重重，柯蒂斯·L. 卡尔森还是为能成功地传承至第三代做好了准备，然而，卡尔森公司没有让第三代人也做好准备。幸运的是，卡尔森公司有要求第三代人接受良好的教育并在其他地方获取经验，因而温迪·卡尔森·尼尔森能够让她的那一代继续处于金字塔顶端。

# 第 14 章

## 不要为孩子做太多规划

我们看到 A. N. 普利兹克威吓他的儿子们，而他的儿子杰伊·普利兹克把这个风格延续到了下一代。亨利·克朗是一个巨人，在克朗家族企业的办公楼装饰上仍然可以明显地感受到他的存在，但是他的后代似乎没有被他威吓到。

在 1945 年的大型百老汇音乐剧《旋转木马》中，明星角色比利·比格罗歌唱他即将诞生的孩子比尔。在音乐中，他思考关于他儿子的事情，探讨他的孩子长大后想要成为什么样的人，他最后的总结是：比尔可以成为他想成为的任何人。那首歌在剧中以正确的方式结束了，但现实并不总是和谐的，新任或者即将升任父亲的人通常计划好了他们孩子的整个人生，这是他们期望的缩影。当然，期望越高，失望越大。

实际上，如果只是想想孩子会变成什么样子，那还不见得有多糟糕。但是，如果一个人的一生及其孩子的人生都受到这样的期望所影响，甚至受其控制，那么，这种错觉持续得越久，改变这些人的人生就越困难。此外，假如一个家族还想保持对其企业的控制权的话，则父母和孩子的人生（几乎总是这类情形）都必须改变。事实上，如果父母和孩子还想拥有良好的关系，这通常是很必要的。

这值得我们去探索家族企业的具体情况，以更好地了解怎么做才是有用的。

## 完美计划，往往偏离了方向

塞缪尔·布朗夫曼是一个极其成功的企业家。他在家乡蒙特利尔建了一个规模极大的酒庄，并在一群效率卓越且忠心耿耿的分销商的帮助下，创建了一个极具价值的品牌。一路走来，他积累了巨额的财富。他创建的酒业公司在1928年收购了施格兰公司，成为加拿大的经济支柱之一，在全球广受尊重。虽然这样的成功总是离不开一群有能力的人的付出，但毫无疑问，塞缪尔·布朗夫曼是获得成功的最重要原因。

塞缪尔·布朗夫曼的儿子查尔斯·布朗夫曼告诉我，他很爱和很尊敬他爸爸，但是，他同时说他对他爸爸感到害怕和畏惧。这种畏惧源于他见过他爸爸发脾气，对别人大吼大叫。塞缪尔·布朗夫曼从来不对他的儿子发脾气，不过，查尔斯·布朗夫曼一直担心他会这么对自己。仅此也就罢了，但这份畏惧还来自其他方面，这让情况变得相当复杂。查尔斯·布朗夫曼对他父亲的能力感到很畏惧，以致他害怕去想经营酒庄生意的事，无意投身商海。

埃德加·布朗夫曼——塞缪尔·布朗夫曼的另一个儿子，也深受他爸爸的影响，虽然可能不是那么明显。两个男孩采取了不同的途径来走出他们爸爸的阴影。他们都明白塞缪尔·布朗夫曼想要他们做什么，而他们起初在爸爸的威压下去这么做了。于是，埃德加·布朗夫曼和查尔斯·布朗夫曼进入了酒庄，在他们爸爸的身边工作。一种米养百种人，有优秀者，也有顽劣者，而塞缪尔·布朗夫曼收获的是前者。

有趣的是，这两个男孩对爸爸的害怕和畏惧类似于他们妹妹菲丽丝·布朗夫曼的感觉。菲丽丝·布朗夫曼想成为一个顶尖的建筑师，但急欲走出爸爸的阴影的她提出了一个不同的策略。她采取此策略是为了证明了她的显著是她自己获得的。她想把自己和家族姓氏区分开来。由于她不愿意冒犯她爸爸或令其尴尬，她在结婚后改了她的姓氏。

埃德加·布朗夫曼去了施格兰公司工作，并最终负责该公司在加拿大地区的运营工作。查尔斯·布朗夫曼自己已经深信，他永远都比不过他的父亲，他认为自己永远也接管不了酒庄，于是他转而向棒球场进发。他与人合伙创办了蒙特利尔博览会棒球队，并在 22 年来一直是该球队的董事长。事实上，他是用自己的钱买了这个俱乐部。后来，球队被出售并搬到了美国首都，更名为“华盛顿国民队”。

不过，查尔斯·布朗夫曼没有选择离开创业者的竞技场，他创建的长子继承权运作是一个极其成功的非营利性组织。我将探索查尔斯·布朗夫曼与我分享的其他家族故事，以便观察他是如何从塞缪尔·布朗夫曼的阴影中走出来并获得了充足的信心改变自己，成功创业，以及观察他对吞噬了家族一半财富的维旺迪大灾难的看法。

查尔斯·布朗夫曼想为蒙特利尔市做些贡献，但是他进军棒球界的主要原因是他知道他的父亲对棒球比赛或其业务一无所知。尽管如此，查尔斯·布朗夫曼还是自豪地带他的父亲去观看博览会队的比赛，并高兴地看到他的父亲在去世前成为一个棒球粉丝。这是他对他父亲的感觉的一个清楚的表现：爱（他确实很爱他的父亲）和畏惧（由于塞缪尔·布朗夫曼在商业上的非凡成就而对他产生的一种虔敬的敬畏，或许也有因其对他人发脾气而产生的对其的恐惧）。

为了尊重父亲的愿望，在塞缪尔·布朗夫曼死后，查尔斯·布朗夫曼同意和埃德加·布朗夫曼一起担任酒庄的联合主席。

当一个父亲计划让两个儿子（顺便说一下，他们都曾经是公司的职员）成为家族企业的联合主席时，背后的理由就是不信任，塞缪尔·布朗夫曼可能怀疑独自一人时他俩都不能胜任这个职位。或者，他仅仅是害怕伤害了其中一个儿子的感情。我们无从知道塞缪尔·布朗夫曼的真实感觉是什么，但显然，他确实采取了北美地区父母默认的遗嘱选择：平等。虽然平等适用于政治机构，但是对于家族企业而言，它的效果被极大地高估了。

## 如何对待孩子：完全一样还是区别对待

试图完全一样地对待孩子，例如，给他们买相同的玩具，让他们去相同的娱乐场所，或者与他们玩相同的游戏的父母通常失败了。希望这些父母能从中吸取教训：每个孩子都是独特的，必须独特地对待。

当孩子们长大成人，要做财产规划时，聪明的父母知道并非所有孩子都一样，所以反而通常会公平地对待他们。父母会采取一系列错综复杂的步骤来平衡价值。例如，如果一个孩子在家族企业工作而另一个没有，自己创业去了，父母可能会把家族企业交给第一个孩子，而第二个孩子则获得同等价值的资产。

实际上，如果父母没有足够的其他资产，他们可能会要求第一个孩子或家族企业将来向第二个孩子汇入现金。但是，假如家族企业陷入了困境，那又该怎么办呢？

查尔斯·布朗夫曼认为塞缪尔·布朗夫曼怀疑自己的能力，这并非不合理，这一点与他对父亲心存畏惧并无二致。查尔斯·布朗夫曼认为，双主席的做法，无论是对员工，还是对利益相关者和其他外部关系，都在起反作用并分离人心。查尔斯·布朗夫曼向埃德加·布朗夫曼解释了他的观点，并像家族和公司里的一个高尚的勇士一样辞掉了这个职位。为何说他是一个高尚的勇士？因为查尔斯·布朗夫曼离开了联合主席的职位，他觉得这样可以避免一场家庭争吵。

查尔斯·布朗夫曼知道，在家族企业中，这类争吵通常会演变成战争。毕竟，之前就发生过塞缪尔·布朗夫曼与他的侄子彼得和爱德华割断商业利益关系的事情。后来，彼得和爱德华搬到了多伦多，并创建了一个完全独立的酒业公司。但同时，查尔斯·布朗夫曼的辞职也与他一直存在的自觉能力不足的想法有关。埃德加·布朗夫曼，又一个高尚的勇士，继续前行。他保留了首席执行官和董事长的职位，从而继续做着他父亲要他做的事情。

# 防止重蹈覆辙

几年后，查尔斯·布朗夫曼和埃德加·布朗夫曼在处理他们各自的儿子的事情上采取了不同的方式，这显示他们父亲带来的影响有一定的共性和差异，对他们如此，对他们儿子也是如此。

埃德加·布朗夫曼（我没采访过他，他在2013年12月去世）和查尔斯·布朗夫曼均决定，他们与他们儿子的关系根本就不会像他们与他们父亲的一样。查尔斯·布朗夫曼相信，埃德加·布朗夫曼和他一样，对他们父亲会有畏惧感，畏惧于他的巨大成功、他的举止和处事方式。两个兄弟都被迫做他们父亲想要他们做的事。虽然有时候，这些事情只是他们觉得他想要他们做的。最后，在与人合伙创办了蒙特利尔博览会棒球队后，查尔斯·布朗夫曼终于得以摆脱父亲的阴影。

几年后，查尔斯·布朗夫曼的儿子斯蒂芬进入了家族企业旗下的投资公司克拉里奇公司。房地产是该公司的主要投资领域，也是它的专长。刚开始时，斯蒂芬在非家族成员的高层手下工作。

后来，克拉里奇公司要进行改革，对企业进行财务投资，类似于重组一个私募股权集团。此时，有非家族成员的房地产团队辞职了。这导致斯蒂芬必须在代表他个人和代表重组后的公司这两个层面上改变自己。他并非完全孤身一人在为此奋斗，他有一个重要和极具价值的资源在支持他，那就是他的父亲查尔斯·布朗夫曼。

当斯蒂芬找到一个潜在的投资机会时，他会先做尽职调查，然后将调查结果交给他父亲并一起讨论这个机会的前景。斯蒂芬回想起那段美好时光，他认为它体现了他们之间的融洽关系。早期，他在考虑两笔交易。一笔是向投资银行家吉姆·麦克唐纳创建的新投资基金投资。另一笔与迈克尔·科尔有关，他是一个摇滚乐推动者，正在寻求滚石乐队巡演的赞助。斯蒂芬向父亲介绍了这两笔交易，心想他父亲肯定会倾向于投资基金。他的信心源于他确信父亲会“憎恨”滚石乐队的主意。尽管这样，他还是把这两笔交易方案递交给查尔斯·布朗夫曼。他父亲照常问他问题，他们开始了例行的对话，查尔斯·布朗夫曼会借以确定儿子是否已从过程中学习到一些东西，并确实已经“做了功课”。

令史蒂芬十分惊讶的是，他的父亲竟然对他说："吉姆·麦克唐纳很糟糕，也很无聊。为什么你会与一个刚刚创立了又一个基金的投资银行家扯上关系？你会感到很无趣的……你不是喜欢音乐吗？这可是著名的滚石乐队，你的投资应该会得到很好的回报的，你还可以玩得开心。"

这两笔交易需要的资金规模都不太大，而斯蒂芬操作的另一个私募股权交易涉及很大的金额，因此事情变得有点棘手。父子两人已达成共识：他（儿子）操作的前几笔交易应控制在1000万美元的范围内。然而，ESPN管理层不知怎么就找到斯蒂芬，邀请他投资对加拿大体育网络进行管理层收购。不过，所需的资金是5000万美元，是查尔斯·布朗夫曼和斯蒂芬商定的范围的5倍。

后来，查尔斯·布朗夫曼确实犹豫了，关键不在投资金额上，而是在标的本身。查尔斯·布朗夫曼说："这是一个垄断的生意，增长强劲，管理有方。我倒希望你能收购一个濒临倒闭的企业，这样你必须重建它，你会投入实际操作，并真正学会很多东西。"

斯蒂芬争论说，这是一个机会，可以在一个他非常喜欢的领域，从有能力的经理身上学习新东西。最后，查尔斯·布朗夫曼赞成了斯蒂芬的投资方案。

在滚石乐队和加拿大体育网络这两笔交易上，布朗夫曼家族最后都获得很好的财务回报。不过，对本书而言，重点在于查尔斯·布朗夫曼处理事情的方式。他不断地对斯蒂芬发起挑战，质疑斯蒂芬所做功课的深度和广度以及他做决定的对错。但在每个案例中，他最后都让斯蒂芬做决定。斯蒂芬一直知道他必须做好与他父亲谈话的准备。他明白，他父亲完全有可能否决他的提议。

查尔斯·布朗夫曼不想指定斯蒂芬必须做什么，于是他找到了一个沟通方式，可以要求他儿子做出卓越的表现而不必威吓到他。他总是告诉儿子，他可以从事他选择的任何职业，只要他努力成为最好的自己就可以了。没错，A. N. 普利兹克普利茨克也是这么说的，但是他紧接着的质疑和嘲笑给别人带来了畏惧感。查尔斯·布朗夫曼找到了一种方法，既避免了塞缪尔·布朗夫曼强加在他身上的家长控制，又不会让斯蒂芬随心所欲。

查尔斯·布朗夫曼的哥哥埃德加·布朗夫曼担任施格兰公司的首席执行官长达几十年，他是一位成功的管理者，在行业和商界都颇受尊重，他很好地胜任了他父亲为他选择的角色。

毋庸置疑，这也幸亏了查尔斯·布朗夫曼的主动让贤。查尔斯·布朗夫曼说，他之所以辞去联合主席的职位，是因为他对经营一家大公司缺乏信心，或者如他原话所说，“我对经营一家大公司害怕得要命”。在他退出后，埃德加·布朗夫曼就完全掌控了公司。然而，查尔斯·布朗夫曼的辞职还有其他原因。

所有这一切都源自查尔斯·布朗夫曼所说的他们的“兄弟关系”，随着埃德加·布朗夫曼长大并承担了相当大的慈善职责（他成为世界犹太人大会的领导者），他将施格兰的权杖传给了他的儿子小埃德加·布朗夫曼。根据查尔斯·布朗夫曼的说法，他的哥哥也受到父亲对待他们的方式的影响。在埃德加·布朗夫曼的例子中，这可能导致了查尔斯·布朗夫曼口中的“结局”。

## 结局

查尔斯·布朗夫曼所说的“结局”是指小埃德加·布朗夫曼通过换股的方式将施格兰出售给法国威望迪公司，施格兰的股票在交易后立刻就大幅下跌，价值远没有想象中那么高，这导致布朗夫曼家族损失了数十亿美元。

为什么埃德加·布朗夫曼这个非常成功的首席执行官，没有阻止他的儿子进行交易？这不是说埃德加·布朗夫曼不知道威望迪公司所在行业的性质。话说回来，小埃德加·布朗夫曼已在几年前投资米高梅电影公司并失败了，而威望迪公司从事的也是与影视有关的传媒业。那么，为什么埃德加·布朗夫曼没有像查尔斯·布朗夫曼对待斯蒂芬一样，通过挑战他的儿子来验证他是否已做足功课呢？

在这件事情上，就算查尔斯·布朗夫曼没法和他侄子讨论，为什么他没有和他哥哥进行沟通？由于查尔斯·布朗夫曼哥哥埃德加·布朗夫曼的监管疏忽，导致了家族蒙受巨大的损失。

查尔斯·布朗夫曼似乎是通过良好的沟通从而避免灾难的最佳人选，毕竟，他与儿子在关于潜在投资机会的讨论中建立了融洽的关系。这种关系源于他聪明的沟通技巧，也令他能有效地处理高度敏感的事情和应付强硬的对手。

多年前，查尔斯·布朗夫曼变得善于与不是自己家人的他人沟通。在与著名的华尔街战士迈克尔·斯坦哈特合作的过程中，他在这方面学到了极其重要的一课，两个人都积极投身慈善事业。他们创建了一个名为“独立行动”的非营利性慈善机构，资助想去以色列旅行的犹太孩子，它取得了极大的成功。早期，这两个慈善家发生了一场严重的争吵。不过，查尔斯·布朗夫曼成功地挽救了他与这个脾气暴躁的投资者的工作关系。他就像他妻子教的那样心平气和地与迈克尔·斯坦哈特进行了沟通，从而维持了一段极其宝贵的关系。

为了理解查尔斯·布朗夫曼没有与埃德加·布朗夫曼讨论和威望迪公司交易的原因，请记住一点：在退出施格兰的管理层时，查尔斯·布朗夫曼觉得他不应该干涉公司的运作，这是他在辞去联合主席的职位时与他哥哥达成的明确共识。

查尔斯·布朗夫曼似乎没有鼓起勇气与他哥哥和侄子讨论，没有像他与迈克尔·斯坦哈特和斯蒂芬的讨论一样，直至很久以后和威望迪公司交易导致家族内部矛盾的爆发。查尔斯·布朗夫曼觉得，战争（他曾担心与迈克尔·斯坦哈特发生的那种状况）在一个家族内更有可能发生。他曾经见证了他父亲塞缪尔·布朗夫曼和他表亲之间的战争，结果产生了两个布朗夫曼家族——蒙特利尔和多伦多各有一个，两者之间通过律师进行沟通。

查尔斯·布朗夫曼说："家庭关系是非常亲密、非常敏感，也非常强大的。如果它持续了足够长的时间，那么等级制度是很难打破的，以我哥哥为首的等级制度一直维持到这个事件结束之后。"

结局（查尔斯·布朗夫曼指的依然是和威望迪公司交易）造成家族财富严重损失，以致尽管事情已经发生了，查尔斯·布朗夫曼还是不得不致电他的兄弟，说："我和你之间必须进行一场认真的讨论。"讨论在一家酒店的会议室里进行，有一个心理学家充当协调者。之所以选择酒店的会议室而不是家里，是因为查尔斯·布朗夫曼认为最好在一个中立的地方举行会议。

---

## 要成为一位杰出的沟通者，明智地选择你的沟通者榜样

罗纳德·里根总统被称为"杰出的沟通者"。在家族企业中，一个杰出的沟通者通过与数量相对较少的一群人交流并使用几条不同的信息就可以达到想要的效果。

查尔斯·布朗夫曼是一个很厉害的交流者，虽然做得

有点不情愿，直到受到妻子的敦促他才与迈克尔·斯坦哈特沟通，这证明了他能进行良好的沟通而不用引发一场战争。但是，他由于担心家族内部更有可能发生战争，所以迟迟不与埃德加·布朗夫曼沟通，这是因为他见识过他父亲与他们的表亲（即多伦多布朗夫曼家族）开战的后果。

鉴于塞缪尔·布朗夫曼在对待他天资聪颖、才华横溢的孩子时摆出了“我说了算”的态度，我相信他与表兄弟的交流不值得效仿。

---

查尔斯·布朗夫曼回想起与埃德加·布朗夫曼的对话：“我目不转睛地盯着他的眼睛。我说：‘你从来没重视过我，是吗？’他说：‘是的，我没有。’我说：‘你觉得我很蠢？’他说：‘是的。’我说：‘你现在知道你错了吗？’他说：‘是的。’”

就这样，讨论继续进行。我想要换一个话题，开诚布公地谈，我们两个人都将心里话坦白地说出来。他不会这么做，因为我认为他觉得这样他会崩溃。我说：‘你知道，你犯了一个错误，极为糟糕。’我都忘记了他很多年前曾涉足过电影业。”

“他说：‘为什么?’我说：‘你是一个聪明人。你知道这样做是不对的，那为什么还要这样做?’当时他想了想，然后说：‘好吧，我来告诉你为什么。’他终于吐露真情。他说：‘父亲从来不让我做我想要做的事情，所以我就发誓我会让我的儿子做任何他想做的事情。’”

“我说：‘好吧，你简直是疯了，你就是疯了。你现在意识到这个错误有多可怕了吧?’他说：‘我知道。’但是，他依然爱他的那个儿子。”

查尔斯·布朗夫曼也很爱他的父亲和他的兄弟。

总结

# 灵丹妙药？记得继续按方抓药

当我读完一本书后，我会坐下来想：“我从这本书中学到了什么?”我推荐我的学生也这么做。现在，在你读完这本书之前，我想帮你做好这样的准备。

你也许在琢磨我为什么会在这个时候——你已读完这本书中的所有故事时提出这个问题，而不是在简介中提出。首先，我相信，你在了解并彻底理解这些故事后会更加明白应该如何设计最佳的改变大计。其次，我不希望你跳过这些故事来更快地直达终点，因为我想要你去品味受访者慷慨分享的精彩故事。

我们一直在寻求可以解决我们的问题的万能钥匙，或者是一种能够治愈我们所有疾病的灵丹妙药。事实上，世界上既没有万能钥匙，也没有灵丹妙药。不过，本书中的案例却说明了，即使是杰出和聪明的人也会遇到问题，但大部分问题都能够通过未雨绸缪和制订周详计划来解决，不论是独自一人还是在别人的帮助下这样做。本书中的故事看起来各不相同，缺少一个放之四海而皆准的法则，但是不同案例的经验教训之间存在共通点。将这些案例汇总起来，你可以从中受益匪浅。毫无疑问，对本书而言，整体大于部分，即 1 +1 >2。

以下是从本书的所有案例中总结出来的三点经验。

（1）若要成功，对你自己、公司和家人的改变必须持续进行。

（2）这些例子和故事旨在帮助你看到相关的信号，在需要改变前就敲响警钟，让你拥有充足的时间去考虑和做准备。

（3）这些成功人士所采用的方法，应该可以教给你一些设计和执行你的改变大计的技巧。

本书中的案例展示了成功人士在特定环境下的最佳做法，这些做法不一定是你的改变蓝图，但是理解这些做法能帮助你制订出最佳的改变计划。如果逐个分析，这些例子可能涉及面有限，对你帮助不大。不过，它们在结合起来后会形成一个模板，而本书的目的是让你研究这个模板以制订出你的计划。这一点，我会通过例子来解释。

在之前出版的《企业家不是天生的》一书中，我引用了企业家说的话，他们说：要成为一个成功的企业家，你应该做你了解和热爱的事情，这不意味着你必须创建一份和你之前从事的一模一样的事业。

汤姆·斯坦伯格最初创业时对办公用品生意了解并不多，只知道这个行业缺少他作为消费者想要的东西。不过，他对零售很熟悉，他还对其他消费者的需求做了大量的功课，即使他们自己对此毫不知情，他喜欢充分利用现有的资源。

玛克辛·克拉克对泰迪熊一无所知，但她了解销售，她知道销售要有乐趣，她还通过泰迪熊最终的消费者——孩子，来了解充满乐趣的销售是怎样的。至于商场的租赁合同和其他事情，她知道她不必彻底了解，“只要适度了解即可”。

霍华德·舒尔茨喜爱咖啡，对欧洲咖啡店的经历念念不忘。他从不曾在咖啡店工作过，更不用说经营过咖啡店。他观察欧洲生意兴旺的咖啡店如何运作，通过观察别人是怎么做的，他相信自己也能做得到，他知道这个生意的光明前景。然而，他却因为说服不了别人而遭遇融资困境。

吉姆·丹博士通过旁听商人谈生意学会了经商和了解了公司的架构。大卫·阿克塞尔罗德深入地研究了政治竞选活动，以至他只需一点帮助就能策划一场活动。另外，克朗家族、卡尔森家族、普利兹克家族和约翰逊家族也都生动地演示了细心观察的重大作用以及冒失前进的风险。

本书中的案例可以成为你的指南，然后你可以根据指南规划你的成功之路。

我在书中描述的那些创业者都很聪明。就算你认为自己没有他们那么聪明，也不意味着你作为一个创业者不应该改变自己。首先，即使达不到我所提及的个别企业家所取得的成就，你也一定能够交出令自己满意的成绩单。其次，如果你改变你的一些技能并增强其他的技能，以此循序渐进地做出改变，那么你就可以获得成功。

顺便说一下，当我说他们很聪明时，并不是说他们都毕业于麻省理工学院或者芝加哥大学。不管怎样，我认为智商不能决定你是否会成为一个成功的企业家，它可能在你一生的很多追求中都会有所帮助，但当理性化妨碍了经过训练的反应（比如说跟随你久经历练的直觉）时，它也可能会变成一种伤害。不过，那些企业家确实做了一些值得我们效仿的聪明事：

◆ 他们多看、多学。

◆ 他们深入了解所从事的行业，清楚竞争者是否正当竞争，知道应该听取或忽视哪些人的意见。

◆ 他们做了大量的功课。我一直告诉我的学生，从学校毕业并不意味着就不用学习了，这仅仅是学习的开始。学校充其量是训练你的学习能力。真正的学习不只是要问是什么，还要问为什么和为什么不？（这让我联想起罗伯特·肯尼迪经常说的话："有些人看到现状，会问为什么？而我想到不曾实现的东西，会问为什么不？"）

◆ 求知欲意味着你会关注答案，对回答者也会有所怀疑。

◆ 他们在思考顾客想要却一直得不到的东西。

◆ 他们创造新的商业模式来适应他们的新业务，而非相反。

无视反对者，这听起来很酷，但是，你如何知道那些反对者说的是否正确和你应不应该听从他们的意见呢？两个因不同理由提出反对意见的反对者必须分开考量。一个可能是正确的，而另一个可能是错识的。

只要求做大量的功课和尽量了解可能出现的问题，这就过于简单化了。事实上，你要将真正的知识与那些基于谣言、偏见、夸大其词、常识、民间传说或恶意中伤的肤浅知识区分开来。要做到这样，一点也不简单。例如，朱尼奥·布里奇曼没有被非洲裔美国运动员不能成为成功的企业家的说法吓倒，他知道自己的长处是什么和怎样将其用在饭店管理上。另外，他还知道如何在那些不熟悉的领域中获取别人的帮助。

问题的明显程度跟重要性各不相同，你必须以开放的思维看待你不愿意看到的事情，这对那些似乎快要成功的创业者来说尤其困难。

在刚创业时成功地忽视那些反对的声音之后，创业者开始相信自己所做的是正确的。随着企业持续地获得成功，他们更加确定无视那些反对的声音意义重大。然而，随着时间的推移，环境发生了改变。一样的忠告，创业前毫无用处，后期却可能会是一个伟大的建议。那些坚守自己早期的决定或者那些不能重新听取他人意见的创业者最后可能由于坚持一成不变的做法而酿成大错。亨利·奥斯汀·道布森在《时间悖论》一书中写道："你说时间在流逝？噢，不！时间是静止的，是我们在流逝。"

当你知道必须考虑改变时，你也必须决定怎样的改变程度才合适。

创业中的起起伏伏并没有相应的批注或指引。比如，在成功开张商店后，好市多遭到迎头一击。这发生在美国中西部。那个商店关闭后，好市多在其他地区开张了多家商店并获得成功。我们会轻易地就怪罪中西部人民的特性，尤其是在一些新店在其他地方表现很好的情况下，这会让人认为好市多只需做出开店选址上的改变足矣。事实上，好市多的团队后来也学会了如何在中西部取得成功，但在这之前，他们发现了所有商店都需要改变的其他方面。吉姆·斯坦伯格发现，成功的关键并不在于某一次改变，而在于持续的改变，这样，公司的经营就不会过时。他是通过观察他所尊敬的导师和模范身上的缺点来学到这些东西的，而他所尊崇的那个人却比他更晚才意识到这一点。

尽管吉姆·斯坦伯格并不了解某些新的产品线，他知道他管理层中有具备此类工作经验的人。如果他是独自一人行动，那么，这些新产品的上架会很困难，也会有风险。但是，有了其他人的参与，这些改变就变得循序渐进，也更加可行。

这个例子展示了不同例子综合在一起可以给你更好的指引。与此类似的是，大多数创业者没有做过正式的市场调研，但约翰·奥舍和汤姆·斯坦伯格却做了，基于他们对一些产品的了解和他们具备的销售技巧。这跟吉姆·西内格和查克·施瓦布的情况相同，他们也都十分了解自己的行业，并在后来改变了他们所在的市场。

从一代人到下一代人的过渡和因此导致的权力传承带来了巨大的挑战和机会。“一个模子出来的”这句话经常被误解。它通常被理解为孩子拥有和自己父母一样的能力。其实，这在最好的条件下也是不可能的。

A. N. 普利兹克利用威压来让他的儿子更像他。他也许成功了，但他的行为也形成了一个下一代无法执行的模式。确实，他和后来的杰伊·普利兹克使用的保密策略差点造成了灾难性的后果，原因在于这两个男人没有告知继承人，他们都以为这些秘密会是家族持续强大的部分原因。

不能纯粹地克隆并不是坏事，完全不是。因为，就像孩子不会长得和父母一模一样那样，家族企业也会随着时间的流逝而改变，而家族自己也会改变。父亲可能是一个完美的企业家，儿子，或者像在克拉森家族的案例中那样，女儿，会成为团队领袖，他们能够将企业发展壮大，却不能白手起家。

父母和孩子不能理解这一点会导致产生不公平的期望，或者对别人的期望存在误解。即便父母能理解这一点，而他们对自己和他人的需求都十分敏感，假如他们无法预计外界的反应，也会白费了他们的一片苦心。

莱斯特·克朗确保他儿子有足够的机会从他或者他的父亲身上学习商业经验。他父亲很乐于将家族企业的控制权交到下一代的手中。这是好事，但并不足够。莱斯特·克朗预料不到非家族成员的核心高层对此作何反应。他把这个教训牢记于心，后来很小心地处理家族事务。

杰伊·普利兹克只看重商业关系，并不涉及家族关系，最后证明这既复杂又麻烦，尤其考虑到普利兹克家族奇特的保密规定。“由先人控制现任”这种做法最后被证明了是错误的。

当约翰·约翰逊告诉琳达·约翰逊·赖斯，他不能解雇整一层楼的手动订阅职员时，他说“我不能这么做”，明显意指他自己。这与“我们不能这么做”是相当不同的。通过这微妙的差别，他授权了琳达·约翰逊·赖斯去这么做。当她相信，如果不解雇这少数员工可能会导致所有员工失去工作时，她拥有自主权去这么做。约翰·约翰逊在世时，他不能放弃控制权，但是在死后自动切断了遥控的绳子。

或许由于最后缺乏“先人控制现任”的欲望，玛丽莲·卡尔森·尼尔森命令每一个新任首席执行官（很可能不是卡尔森家族成员）决定家族企业的去留。她指出了关于继承的几点关键内容——所有权的继承、领导和管理。她在对待非家族成员的管理层上和克朗家族不同，她向他们下放权力的做法也跟普利兹克家族不一样。

塞缪尔·布朗夫曼临终前留下遗嘱说他的两个儿子将成为施格兰公司的联合主席。这个方案奏效了他根本没有关注儿子在做的和不想要做的事情。此外，他的儿子也不明白继承会有不同的方式：管理继承、领导继承和所有权继承。由于查尔斯·布朗夫曼和埃德加·布朗夫曼以为继承就是全部托付，所以他们在有上百个理由需要沟通的时候没有去这么做。

《复苏》，一本 2014 年出版的书，由凯洛格学院的格雷格·卡彭特教授联合盖瑞·F. 格布哈特和约翰·F. 谢里所著，它通过聚焦在极端改变方面来强调改变的必要性。

再次说明，汇总不同案例的经验教训能够帮助你决定你认为最适合你的家族企业的方法。约瑟夫·坎贝尔，一位美国神话学家和作家，反问说：“你是你故事里的英雄吗?”假如你不断地改变自己和你的企业，那么你很有机会成为你的那个英雄。无论你选择什么样的改变步骤，希望你能改变，再改变，并蓬勃发展。

# 致谢

我想在此公开感谢在写就本书的过程中帮助过我的许多人。希望我的致谢词不会冒犯谁或者有何纰漏，如果确实发生了，过错在我，我恳请大家的谅解。

对本书贡献最大和最直接的是我采访过的多位名人：大卫·阿克塞尔罗德，贝拉克·奥巴马总统的前资深顾问，芝加哥大学政治学院院长；尼尔·巴克特，BRM 创始人，Checkpoint 创始投资人，耶路撒冷市长；朱尼奥·布里奇曼，前 NBA 球员，Bridgefoods 创始人兼首席执行官；查尔斯·布朗夫曼，施格兰公司前联席董事长；斯蒂芬·布朗夫曼，克莱里奇公司执行总裁；玛丽莲·卡尔森·尼尔森，卡尔森公司前首席执行官/主席；戴安娜·尼尔森，卡尔森公司主席；温蒂·尼尔森，卡尔森公司董事长；玛克辛·克拉克，熊熊工作室创始人及前首席执行官；莱斯特·克朗，亨利克朗公司主席；吉姆·克朗，亨利克朗公司总裁；史蒂夫·克朗，亨利克朗公司一般合伙人；詹姆斯·丹，倡导者医疗集团公司常务董事兼首席执行官；詹姆斯·弗里曼，蓝屏咖啡创始人兼首席执行官；琳达·约翰逊·赖斯，约翰逊出版公司主席；黛泽丽·罗杰斯，约翰逊出版公司首席执行官；谢丽尔·梅伯里·麦基萨克，约翰逊出版公司首席财务官。